MERIDIANE

Aus aller Welt

Band 104

NAVID KERMANI

Kurzmitteilung

ROMAN

Für Doris Hofmann.

7. 1/6/2010

AMMANN VERLAG

Der Autor dankt Dr. Frank Glenewinckel,
Institut für Rechtsmedizin der Universität zu Köln;
Stephanie von Harrach, Ammann Verlag, Zürich;
Norbert Horst, Kriminalpolizei Bielefeld;
Manuela Pilartz, Bestattungshaus Pilartz, Köln;
Markus Scheumann, Düsseldorf;
Manos Tsangaris, Köln.

Erste Auflage

www.ammann.ch
Satz: Gaby Michel, Hamburg
Druck und Bindung: Freiburger Graphische Betriebe
ISBN 978-3-250-60104-3

Im Gedenken an Claudia Fenner

(1964–2005)

I

Von Maike Anfangs Tod erfuhr ich durch eine SMS: *Tut mir leid, es dir so zu sagen, kann jetzt aber nicht anders. Meine kollegin maike anfang ist gestorben, die mit uns noch whisky trinken war. Einfach so. Ich weiß gar nichts mehr. Liebe grüße, korinna.* Als mich die Nachricht erreichte, saß ich in einem Restaurant am Kieselstrand von Cadaqués, einem Ort im Norden der spanischen Costa Brava, kurz vor der Grenze zu Frankreich. Picasso hatte hier einmal ein Haus, in der Nähe auch Dalí, und etwas von ihrer Aura durchflutet noch immer die steinbepflasterten Gassen, die sich schmal und schmäler, kreuz und quer die zwei gegenüberliegenden Hügel hochziehen. Sorgsam konservieren die Einwohner, die meisten zugezogen, das Bild eines Künstlerdorfes am Mittelmeer: mit weißgetünchten, aber geziemend abgeblätterten Mauern und grünen oder blauen Fensterläden, mit prall bestückten Blumenkästen und malerischen Läden für Kunsthandwerk, Delikatessen und Wein, mit Restaurants, die ihre Küche täglich neu auf Kreidetafeln erfinden, und Ateliers, in denen barhäuptige Maler bei weit geöffneten Fenstern ebenso weit geschwungene Striche auf der Leinwand ziehen. Ich selbst bin der Aura erlegen, daß es mich immer wieder nach Cadaqués zurückzieht, mag es auch kaum mehr sein als ein Disneyland für Individualisten. Dem Display zufolge war es der 10. Juli 2005, 18:32 Uhr. Ein blonder Junge von drei, vier Jahren radelte mit Stützrädern an meinem Tisch vorbei,

Hemd, Hose und Schuhe aus naturbelassenem Leinen. Die blonden, welligen Haare fielen ihm bis auf die Schultern. Ein bunt geflochtenes Haarband hielt sie an der Stirn zusammen. Die Eltern müssen Künstler sein, Künstler oder jedenfalls Kreative, dachte ich und stellte mir die Frage, ob mein Kind auch so extravagant durch Cadaqués radeln würde. Während ich mich nach den Eltern umschaute, drückte ich mit dem linken Daumen auf den grünen Knopf des Telefons, so daß sich Korinnas Nummer von selbst wählte. Schon beim ersten Freizeichen wußte ich, daß sie sich nicht melden würde. Die SMS hatte sie mir geschickt, eben weil sie nicht mit mir sprechen wollte oder konnte, sich jedoch verpflichtet fühlte, mir die Nachricht von Maikes Tod zu überbringen, so wie jemand anders die Nachricht ihr überbracht hatte. Warum mir? fragte ich mich. Ich kannte Maike Anfang kaum. Ahnte Korinna etwas von der Nähe, die zu erkunden Maike Anfang und ich keine Gelegenheit mehr hatten? Fühlte sie selbst sich mir so nah, daß sie mich an ihrem Schock teilhaben ließ? Oder war es der Grundstock an Professionalität, den sie sich noch angesichts des Todes bewahrte? Einige Wochen zuvor, genau gesagt, am 17. Juni 2005, hatte ich Maike Anfang bei einer Präsentation kennengelernt. Ich hatte den Auftrag bekommen, die Abschiedsfeier für den Vorstandsvorsitzenden der Deutschland-Vertretung von Ford zu gestalten. Das ist mein Beruf: Ich bin zuständig für außergewöhnliche Veranstaltungen, zuständig dafür, daß sie außergewöhnlich werden – Festivals, Events für die Belegschaft großer Firmen, Benefizgalas, Opernbälle, festliche Tombolas, private Feiern sehr reicher Leute, Preisverleihungen, das kulturelle Rahmenprogramm von Messen, Sportveranstaltungen, Parteitagen.

Ich berate Unterhaltungsredaktionen des Fernsehens sowie Künstler, Artisten und Entertainer aller Art, vor allem weltweit bekannte Zauberer. Für Festspiele in der Provinz, große Bühnen und Opernhäuser entwickele ich Programmprofile, die überregionale Aufmerksamkeit garantieren, ohne das lokale Publikum zu vergraulen. Ich bin bekannt für mein Gespür, Menschen für die Kultur zu gewinnen, auch und gerade indem ich ihren Horizont erweitere. Meiner Erfahrung nach wollen die Zuschauer keineswegs nur das Gewohnte, Bewährte sehen – aber man muß sie mitnehmen, anstiften, herausfordern, will man sie zu etwas Neuem führen, etwas Unbequemem oder gar Schmerzhaftem. Man darf sie nicht allein lassen. Ich glaube fest daran, daß der Spagat zwischen Publikumstauglichkeit und Avantgarde möglich ist – man muß ihn nur wagen und wollen. Das Kulturprogramm der Fußballweltmeisterschaft 2006 zu betreuen wäre mein Lebenstraum gewesen, nur hatte sich das Organisationskomitee von vornherein auf André Heller festgelegt. Ansonsten bin ich gut genug im Geschäft, um mehrere Monate im Jahr in Cadaqués zu verbringen. Fast schon außerhalb des Orts habe ich vor drei Jahren eine Wohnung an der Küste gekauft, 120 qm, Terrasse, technisch mit allem ausgerüstet, was ich brauche, Ruhe. Und wenn ich nach Hause muß, bin ich dank des TGV schnell in Köln, elf Stunden ab Portbou, dem Grenzort, in dem Walter Benjamin sich umgebracht hat; zweimal umsteigen, in Montpellier und Paris. In der Regel ist der Zug die bessere Option als zu fliegen, weil ich die Fahrt zum Arbeiten oder Lesen nutzen kann. Wenn Zeit ist, mache ich halt in Lyon, Paris oder Brüssel, um Freunde zu besuchen oder Ausstellungen. Um flexibel zu bleiben, müßte ich sonst immer Businessclass fliegen; das wäre auf Dauer zu teuer. Noch bin ich nicht soweit, daß ich nicht mehr rechne. Es reicht für die erste Klasse des TGV ohne Vorausbuchung. Klar, oft werde ich zu Terminen eingeflogen, dann muß ich mir um die Kosten keine Gedanken machen. Manchmal besuchen mich die Auftraggeber in Cadaqués. Sie fliegen nach Gerona, Perpignan oder Barcelona und leihen sich einen Wagen. So war es auch mit Korinna, die bei Ford die Abteilung Kommunikation und Öffentlichkeit leitet und damit beauftragt worden war, eine Überraschungsfeier für den Vorstandsvorsitzenden Patrick Boger zu organisieren, der in die Vereinigten Staaten zurückkehren würde, ein abendfüllendes Programm an öffentlichem Ort, hochkarätig besetzt, zur bleibenden Erinnerung des Scheidenden, seiner Belegschaft und der Stadt Köln. Meinen Namen und meine Telefonnummer hatte sie von Dieter erhalten, dem Generalintendanten der Kölner Bühnen, einem Freund. Für meine Ratschläge bedankt er sich mit Freikarten für die besten Häuser Europas und, wo es sich ergibt, mit Kontakten und Aufträgen. Korinna hatte sich mit ihm getroffen, weil sie für die Feier die Oper anmieten wollte und außerdem mit dem Gedanken spielte, Sänger zu engagieren. Die Abschiedsfeier sollte *so speziell sein wie Patrick Boger selbst, eine ehrliche Demonstration des Dankes, aber auch ein Signal an die Kollegen in den USA, daß in der deutschen Vertretung Kreativität und Zusammenhalt gelebt werden* – mit diesen Worten schilderte Korinna mir ihren Auftrag, bevor sie mich in Cadaqués besuchte. Ihre erste Mail ist noch in meinem Laptop gespeichert. Als wir im gleichen Restaurant saßen, in dem ich später von Maike Anfangs Tod erfuhr, beschrieb sie mir Boger als einen umfassend gebildeten Charismatiker, der es verstehe, seine

Mitarbeiter genauso zu begeistern, wie er selbst sich für alle möglichen Dinge begeistere, für humanitäre Aktionen ebenso wie für Kunst und Theater, für Fußball, den Karneval und überhaupt für die Stadt Köln, in der er acht Jahre lang erfolgreich und mit enormer Außenwirkung gearbeitet habe. Dabei schien er keineswegs aalglatt zu sein. Im Konzern hatte er alle möglichen Maßnahmen durchgesetzt, die der Gesundheit der Mitarbeiter und der Umwelt dienten. So saßen alle Angestellten der Verwaltung auf orthopädisch empfohlenen Stühlen. Auch für die Verwendung von Altpapier in allen Kopierern oder ökologisch angebauten Lebensmitteln in der Werkskantine hatte er gesorgt. Einige seiner Marotten hätte ich bei jemanden in seiner Position nicht für möglich gehalten. Etwa zog er sich täglich zweimal zurück, um zu meditieren, und er hatte auch alle zwei Wochen einen festen Tag, an dem er nicht ins Büro kam, keinerlei Termine annahm und nicht erreichbar war. Korinna meinte, daß Boger sich immer schon solche Freiheiten genommen habe. Sie hatte ein Dossier über ihn zusammengestellt, das sie mir vor ihrer Abreise nach Köln überreichte. Auf den Photos sah er blendend aus, ein braungebrannter, dunkelblonder Mittfünfziger, dem sein Alter nur an den Augenfältchen abzulesen war. Cadaqués würde ihm gefallen, dachte ich, während ich in dem Dossier blätterte; Cadaqués gefällt allen Amerikanern, die etwas übrig haben für Europa. Ich mochte die Leidenschaft, mit der Korinna von ihrem Beruf und ihrem Vorgesetzten sprach. Ich habe so viel mit abgelebten Existenzen zu tun, daß ich froh bin über jede ehrliche Erregung. Schon beim Nachtisch wechselten wir zum Du. Maike Anfang habe ich zum ersten Mal gesehen, als ich zwei Monate später den möglichen

Ablauf des Abends präsentierte. Sie war eine von neun oder zehn Mitarbeitern, die um den Tisch eines kleinen Konferenzzimmers bei Ford in Köln-Niehl saßen, und fiel mir nur dadurch auf, daß sie sich weit mehr Notizen machte als die anderen. Ich hielt sie für die Protokollantin. Nach der Sitzung stellte Korinna sie mir als die Kollegin vor, die auf seiten des Konzerns unmittelbar mit mir zusammenarbeiten werde. Maike Anfang sagte mit Nachdruck, daß meine Ideen und die Art meines Denkens sie beeindruckt hätten, die Philosophie einer Kunst, die mit dem Leben verschränkt sei und sich ausdrücke, ohne ausgesprochen zu werden. So gedrechselt sagte sie das. Sie meinte damit vermutlich, daß ich keine bloße Abfolge möglichst prominenter Gastauftritte vorschlug, sondern jeden einzelnen Punkt des Programms mit Texten, Kompositionen und Menschen, die für Boger wichtig waren, eigens erarbei-ten wollte. Vielleicht meinte sie auch meinen Sinn fürs Alberne. Mir schwebte vor, mich allen repräsentativen Zwängen und aufgesetzten Ansprüchen zu entziehen und einfach das zu tun, was dem Vorstandsvorsitzenden Spaß bereiten würde, ein Theater seiner Wünsche, eine Schülerparty für einen scheidenden, allseits beliebten Direktor mit den Mitteln eines Weltkonzerns. Deshalb wollte ich die Feier auch nicht in der Oper oder der Philharmonie ausrichten, sondern mitten auf dem Werksgelände ein Spiegelzelt aufbauen lassen. Nicht nur der Betriebsrat, alle Arbeiter sollten sich eingeladen fühlen. Das Zelt, das ich bereits zum siebenhundertfünfzigsten Geburtstag der Stadt Frankfurt an der Oder eingesetzt habe, bietet vierhundert Menschen genügend Platz, um bis zur Frühschicht zu tanzen. Möglichst locker sollte es sein, möglichst fetzig, nicht Klassik, nicht Schlager, sondern Rock 'n' Roll, Sie wissen, was ich meine? Und alle hatten geschmunzelt. Unverwechselbarkeit könne man nicht kaufen, hatte ich hinzugefügt. Unverwechselbar sei Patrick Boger selbst. Darauf müßten wir setzen. Thomas Quast einfliegen zu lassen könne jeder Konzern. Aber Thomas Quast dafür zu gewinnen, mit den Auszubildenden des Werks ein ironisches Loblied auf die Mülltrennung im Konzern einzustudieren – das gebe es nur im Betrieb von Patrick Boger. Daß jeder im Raum Thomas Quast kannte, setzte ich voraus, obwohl es sicher nicht stimmte. Ich halte die Leute gern für gebildeter, als sie sind; es hält sie davon ab, mir zu widersprechen, wenn ich mich anschließend über ihre Vorstellungen hinwegsetze. Und pathetisch hatte ich die Botschaft der Abschiedsfeier verkündet: Hier ist einer unverwechselbar, weil er Mensch geblieben ist. Ich war mir von der ersten Sekunde unseres Gespräches an nicht sicher, ob Maike Anfang mir den Sermon wirklich abnahm oder nur aus Höflichkeit begeistert tat. Die Emotion, die sie in ihre wenigen Worte und in ihren Blick legte, wirkten so echt, daß ich für ein paar Sekunden drauf und dran war, selbst an eine Philosophie meiner Präsentation zu glauben. Dann fiel mir ein, daß man Emotionen nirgendwo so perfekt anwenden dürfte wie im Geschäftsbereich Kommunikation und Öffentlichkeit eines internationalen Konzerns. Ich dankte Maike Anfang für den Zuspruch und betonte, mich auf die Zusammenarbeit zu freuen. Auf Korinnas Vorschlag hin tauschten wir außer den Karten auch die Handynummern aus und verabredeten, uns nach meiner Rückkehr aus Cadaqués Mitte August auf einen Kaffee oder einen Wein zu treffen. Mit Korinna hatte ich da schon drei Abende verbracht, abgesehen von ihrem anfänglichen Besuch in

Cadaqués. Sie war die Attraktivere von beiden, Anfang dreißig erst, von kleinem, aber makellosem Wuchs, lange braune Haare, das schmale Gesicht so dezent geschminkt, daß man das Puder erst spät entdeckte. Die Nase gefiel mir am besten, stupsig wie bei einem Mädchen. Ihre bevorzugte Garderobe aus Männerhemd, Jeans und edlen Sandalen kündete davon, daß sie alles, bloß keine Geschäftsfrau sein wollte. Ihrer Sehnsucht nach Unkonventionellem und geistig Höherstehendem, von der mir nicht klar war, ob sie einem inneren Antrieb entsprang oder sich dem Vorbild ihres Vorstandsvorsitzenden verdankte, kam ich mit meiner Künstlerexistenz und dem Dandyhaften meines Lebens entgegen. Schon als wir uns das erste Mal in Köln wiedersahen, offenbarte sie mir ihre persönlichen Nöte, die mir um nichts wesentlicher oder unwesentlicher erschienen als die Nöte der meisten Mitmenschen, beißende Einsamkeit, die weder zu beantwortende noch abzuwehrende Frage nach dem Wozu-der-ganze-Scheiß, der Eindruck, das eigentliche Leben sei anderswo. In ihrem Fall kam noch der uneingestandene, in der Emphase, mit der sie das soziale und ökologische Engagement ihres Vorgesetzten erwähnte, jedoch unüberhörbare Schuldkomplex hinzu, Propagandistin zu sein für einen Weltkonzern, der vermutlich alle möglichen und also auch die schmutzigsten Geschäfte betrieb. Ich weiß nicht, ob sie mit mir geschlafen hätte; es war mir zu früh, es auf den Versuch ankommen zu lassen. So dringend war mein Verlangen nicht, daß ich bereit gewesen wäre, die Arbeit durch etwaige Komplikationen zwischenmenschlicher Art zu gefährden. Wahrscheinlich hatte sie sich mir auch deshalb so rasch geöffnet, weil sie wahrnahm, daß ich mich für sie interessierte, ohne gleich eine Affäre beginnen zu wollen.

Damit entsprach ich noch mehr ihrem intellektuellen Anspruch, dachte ich spöttisch, nachdem ich sie nach unserem ersten Wiedersehen vor ihrem Auto abgesetzt hatte, einem Ford Ka Cabrio, ein erstaunlich bescheidenes Modell für die Leiterin der Abteilung Kommunikation und Öffentlichkeit, wie ich fand. Maike Anfang war anders. Sie war größer als Korinna, bestimmt ein Meter achtzig, und fast in meinem Alter, Ende dreißig. Bei der Präsentation trug sie, was in den mittleren Etagen eines Großkonzerns vermutlich am wenigsten auffällt, eine beige Hose aus glattem Stoff, darüber ein hellblaues, langärmliges Shirt aus gestrickter Baumwolle. Das Gesicht war eindeutig zu breit, ja beinah rechteckig, mit einem Mund, der im Verhältnis viel zu klein war. Um so verlorener ragte die schmale Nase hervor. Die dunkelbraunen, beinah schwarzen Locken, die weit ins Gesicht fielen, konnten an dem Eindruck nichts ändern, daß dem lieben Gott beim letzten Schliff ihrer Schöpfung die Hand abgerutscht sein mußte. Als ich sie später wiedersah, gefiel mir ihr Körper, der schlank, aber nicht durchtrainiert schien, mit Brüsten, die ich gern in den Händen gehalten hätte. Mir gefielen auch die übergroßen Augen mit ihrer grüngrauen Iris, der warme Blick, die Genauigkeit, mit der sie mich betrachtete und mir zuhörte, die zwei Sekunden Verzögerung, mit denen sie mir antwortete, als würde sie jedes einzelne meiner Worte noch einmal bedenken. Ich merkte rasch, daß sie mir gar keine besondere Beachtung schenkte, sondern alles ernst nahm, was um sie herum geschah. Auf Korinna schaute sie mit den gleichen Augen, und selbst Rolf betrachtete sie wie eine Wissenschaftlerin das Objekt ihrer Forschung oder wie ein Kind die Welt, wenn er den Whisky einschenkte. Das fiel mir am deutlichsten an ihr auf: wie sie blickte. Korinna hatte mich am Abend nach der Präsentation angerufen, um mir vom Lob der Kollegen zu berichten, und wir hatten verabredet, noch einmal Essen zu gehen, bevor ich für den Sommer nach Cadaqués verschwände. Als ich in der darauffolgenden Woche das französische Restaurant in der Südstadt betrat, das ich vorgeschlagen hatte, ein Block entfernt von meiner Wohnung in der Merowingerstraße, sah ich Maike Anfang. Korinna hatte ihr vorgeschlagen mitzukommen; ich sei ein netter Typ, und außerdem könne es bestimmt nicht schaden, wenn sie mich schon einmal kennenlerne, bevor im September die Vorbereitung für die Abschiedsfeier beginne. So jedenfalls überlieferte Korinna mir ihre eigenen Worte. Die Erklärung änderte nichts (und sollte vielleicht nichts ändern) an meiner Konsternation darüber, daß Korinna durch ihre Begleitung die Möglichkeit einer intimeren Beziehung zwischen uns beiden auszuschließen schien. Nicht daß ich daran interessiert gewesen wäre zu dem Zeitpunkt – mir mißfiel nur zu erfahren, daß *sie* nicht interessiert war. Andererseits hielt ich es in der Tat für günstig, Maike Anfangs Bekanntschaft außerhalb des Büros zu machen. Genau daran hatte Korinna wahrscheinlich gedacht, die Abschiedsfeier, nichts weiter, fiel mir ein, unschlüssig darüber, ob mich das Fehlen eines Hintergedankens befriedigte. Während des Essens war ich es, der die meiste Zeit redete, über meine Vorstellungen für den Abend, über meine Projekte und die Künstler, die ich verehre, über Iran und meine Familie. Hier und dort flocht Korinna in meinen Monolog eine Begebenheit aus ihrem Bekanntenkreis oder dem Konzern ein. Maike Anfang stellte nur gelegentliche Fragen. Obwohl mir die Konstellation zu dritt nicht behagte und mir zudem die Themen ausgingen, lud ich die beiden nach dem Dessert noch zum Whisky in die Kneipe hinterm Chlodwigplatz ein, mit der ich Geschäftspartner gern angenehm schockiere. Es ist schäbig und ehrlich, die reine Exotik für Damen aus dem Geschäftsbereich Kommunikation und Öffentlichkeit der Ford AG, mögen sie sich noch so lässig geben mit ihren Bluejeans und den weiten Hemden. Rolf ist Rock 'n' Roll, Rolf, der sieben Tage die Woche hinter der Theke steht, nicht etwa der Firlefanz, den ich mir für die Abschiedsfeier von Patrick Boger ausgedacht hatte. Ich hatte einen Rosebank bestellt, wegen seines sanften Abgangs die beste Wahl für den ersten Single Malt im Leben. Maike Anfang schmeckte der Whisky wirklich. Wo Korinna die Kennermiene aufsetzte, mit einem Schluck das halbe Glas austrank und mit einem Klasse! auf den Lippen zum nächsten Thema überging, ließ sie dem Getränk Zeit, sich in ihrem Körper auszubreiten. Wie ich es oft bei Menschen beobachtet habe, die beim ersten echten Whisky wachsam genug sind, den Geschmack noch bis in die Unterarme und Pofalten hinein wirken zu lassen, veränderte sich ihre Stimmung wie auf Knopfdruck. Sie sei seit Jahren nicht mehr in einer Kneipe oder Tanzen gewesen, begann sie zu erzählen – und wie oft sie früher ausgegangen sei. Sie sprach zum ersten Mal von sich. Ich erfuhr, daß sie exakt zur selben Zeit studiert hatte wie ich, Theaterwissenschaft im Hauptfach, mit Dissertation über das mittelalterliche Passionsspiel. Meine Eltern kommen aus Iran, und ich hatte auch einmal einen Aufsatz über das schiitische Passionsspiel gelesen, so daß wir den kurzen Rest des Abends über religiöse Formen des Theaters diskutierten und welche Relevanz sie heute haben. Nach dem dritten Whisky brachte ich die beiden noch zum Taxistand am Chlodwigplatz. Sie fuhren in entgegengesetzte Richtungen. Die beiden Frauen küßten sich zum Abschied auf die Wangen, ebenso Korinna und ich, und dann gab es einen Augenblick, in dem Maike Anfang und ich uns gegenüberstanden und uns fragten, ob wir uns auch auf die Wangen küssen sollten. Unserem Verhältnis angemessen wäre ein Händedruck gewesen, immerhin redeten wir uns noch beim Nachnamen an. Aber nun hatten wir beide Korinna geküßt und uns außerdem beim Whisky schließlich doch mehr als nur geschäftsmäßig unterhalten. Also ergriff ich zwar die Hand, die sie mir mit zwei Sekunden Verzögerung reichte, aber näherte meinen Mund ihrer rechten Wange, wenngleich so langsam, daß ich beobachten konnte, ob auch sie ihren Kopf zu mir herüberbeugte. Sie tat es. Danach schauten wir uns verlegen an, lächelnd. Sie wünschte mir nochmals eine schöne Zeit in Cadaqués und bekräftigte, sich auf die Zusammenarbeit zu freuen. Ich solle mich melden, sobald ich zurück sei. Das war am 23. Juni 2005. Eine Woche später saß ich im Thalys nach Paris, wo ich in den TGV nach Montpellier umstieg. In Portbou nahm ich mir ein Taxi, wie immer. Am 10. Juli erreichte mich Korinnas SMS. Der Junge verschwand aus meinem Blickfeld, ohne daß ich die Eltern ermittelt hatte. Plötzlich hörte ich das Gekrächze von Möwen, obwohl die Promenade voll war mit lachenden, lärmenden Menschen. Ich blickte zum Himmel und fing an zu beten. Ich bin nicht gläubig, aber wenn ich etwas Wichtiges vorhabe oder jemand gestorben ist, spreche ich die Fatiha, die erste Sure des Korans, obwohl ich mich gar nicht mehr genau an den Sinn erinnere. Es hat nichts mit Frömmigkeit zu tun. Die arabischen Verse liegen gut auf meinen Lippen und helfen mir über die Sekunden hinweg, in denen ich nicht weiß, was ich tun oder denken soll. Um zu trauern, kannte ich Maike Anfang zu wenig. Seit ich in Cadaqués war, hatte ich drei oder vier Mal an den Abend mit ihr und Korinna gedacht, vor allem an den Augenblick, in dem wir uns gegenüberstanden, unschlüssig darüber, ob wir uns zum Abschied küssen sollten. An andere Menschen hatte ich viel öfter gedacht. Dennoch scheute ich mich, ohne Umstand zur Ordnung meines Tages überzugehen, zur Pasta mit Meeresfrüchten, die mir gleich serviert würde. Ich wählte noch einmal Korinnas Nummer, wartete diesmal, bis sich ihre Mailbox meldete, und bat sie zurückzurufen, sobald sie dazu in der Lage sei. Danach stand ich auf, hielt Ausschau nach dem Kellner und setzte mich wieder, weil ich ihn nicht auf Anhieb entdeckte. Maike Anfang war aus dem Leben radiert worden, und etwas in mir sperrte sich dagegen, die Leere zu übersehen, die sie hinterlassen hatte, nicht weil ich mit ihr befreundet oder sie mir bis dahin wichtig gewesen wäre, sondern weil ich klar vor Augen hatte, daß es genausogut Korinna oder mich oder Patrick Boger oder einen der Menschen, an die ich viel öfters dachte, hätte treffen können, meine Eltern, meine Schwester Minu, meine Freunde, die Frauen, die anders als Korinna mich tatsächlich interessierten. Korinnas SMS ließ auf kein Verbrechen schließen, nicht einmal auf einen Unfall. Bei Alten und Kranken greifen die Mechanismen, mit denen ich mir den Tod vom Leibe halte. Wenn jemand im Krieg stirbt oder bei einem Erdbeben, bleibt er abstrakt genug, um nicht an mein eigenes Sterben zu erinnern. Aber wieso stirbt jemand wie Maike Anfang, dachte ich – wieso stirbt jemand *einfach so?* Wenn ihr Tod ohne Grund war, mußte es auch mein Leben sein. Ich schämte mich, die Pasta, die mir der Kellner inzwischen serviert hatte, mit dem gleichen Appetit zu essen, wie wenn Maike Anfang nicht gestorben wäre. Ich wollte mir einbilden, daß mir das Essen nicht schmeckte oder ich wenigstens ohne Hunger äße, aber so ehrlich war ich zu merken, daß es die gleiche Pasta war, der gleiche Wein, das gleiche Restaurant, die gleichen Passanten, der gleiche, vermutlich deutsche Junge, der irgendwo auf der Promenade von Cadaqués auf seinem Fahrrad mit Stützrädern fuhr, die gleichen Eltern, die ich nicht erblickt hatte, der gleiche Mensch, der all dies beobachtete, hörte, roch, schmeckte und für den es überhaupt kein Unterschied zu sein schien, ob an einem anderen Ort ein anderer Mensch, den er und nur er unter allen Bewohnern Cadaqués' kannte, jetzt in Köln im Kühlfach eines Leichenschauhauses lag. Spätestens morgen früh, nein, wahrscheinlich schon beim Schnaps löste Maike Anfangs Tod nicht mal mehr ein Stechen im Brustkorb aus, war ihr Leben geronnen zur bloßen Erinnerung, die schnell zu verblassen und sich spätestens nächstes oder übernächstes Jahr vollständig aufzulösen versprach, entsprechend der Skala, nach der wir trauern. Wenn nicht engste Angehörige gestorben sind, berechnet sie die Zeit unserer Erschütterung in Minuten. Für Zufallsbekanntschaften wie Maike Anfang begnügt sie sich auch mit Sekunden. Ich kannte zwei, die der Tod ihrer einzigen Tochter zugrunde zu richten schien. Es dauerte Jahre, bis sie sich wieder zurechtfanden. Jetzt leben sie fröhlich wie eh und haben zwei neue Kinder. Bestimmt haben sie die Tochter nicht vergessen. Aber der Schmerz muß abgeklungen sein zu einem gelegentlichen Stechen im Brustkorb, wenn überhaupt. Bestimmt gibt es Menschen, die am Tod ihres Nächsten zugrunde gehen. Wenn ich ein Kind hätte, das mißhandelt und ermordet würde – kann schon sein, daß ich traumatisiert wäre bis zum Ende. So etwas gibt es, man liest davon und hört es. Allein, so schrecklich es ist, es ist nicht normal. Normal ist Maike Anfang. Normal war, daß ich weiter meine Pasta mit Meeresfrüchten aß. Normal war der Skandal. Außer Korinna kannte ich niemanden, den ich nach den Umständen ihres Todes hätte fragen können. In der Vorbereitung meiner Präsentation hatte ich noch mit einigen anderen Mitarbeitern des Konzerns gesprochen, von zweien hatte ich die Nummern in meinem Handy gespeichert, doch war keine darunter, die ich um die Uhrzeit hätte wählen können, noch dazu wegen etwas Privatem. Ich hatte auch keine Ahnung, ob sie mit Maike Anfang überhaupt zu tun hatten. Der Hafen machte sich wieder in meinem Bewußtsein breit, mein Essen, die Menschen auf der Promenade, die Bücher, in denen ich heute gelesen, die Besorgungen, die ich morgen zu machen hatte. Drei Tische weiter bemerkte ich eine Frau, mit der ich ohne Zögern den Rest des Sommers verbracht hätte, wäre sie jetzt aufgestanden und hätte mich gefragt. Nun gut, das sagt sich leicht, es ist mir ohnedies nie geschehen, daß eine schöne Frau an meinen Tisch tritt und mich auffordert, mit ihr davonzugehen. Dennoch, ich wüßte – ich ginge sofort. So bleibe ich eben sitzen. Ich dachte an Natascha, meine letzte Freundin. Ich fand sie alles andere als vollkommen, aber vielleicht hätte ich mich damit zufriedengeben sollen, um endlich ein paar Kinder in die Welt zu setzen. Etwas anderes bleibt am Ende ohnehin nicht. Sex und die gemeinsame Sorge um die Kleinen hätten schon genügt, um als Liebe durchzugehen. Natascha ist Iranerin, ein Umstand, der für mich in den letzten Jahren wichtiger geworden ist, ohne daß ich verstanden habe, warum; vielleicht weil es ein Umstand ist, durch den ich mich von anderen unterscheide. So viele Unterschiede habe ich nicht zu bieten, wenn ich in Cadaqués selbst mit meinen außergewöhnlichen Veranstaltungen nur zum Standard gehöre. In Cadaqués gab es ein, zwei Frauen, die mich diesen Sommer interessierten, ohne daß sie als Mütter meiner Kinder in Frage gekommen wären. Wenn sie ihren Urlaub allein oder mit ihren Freundinnen verbringen, sind die Frauen in der Regel offen. Das Problem ist nur, daß sich der Altersdurchschnitt in den letzten Jahren nach oben verschoben hat und die meisten mit ihrem Mann oder Freund anreisen. Die vielen Kinder hat es nicht gegeben, als ich das erste Mal hierher kam, nach dem Abitur mit Rucksack und Bettina. Es muß an den Kindern liegen, die sich in Cadaqués von Jahr zu Jahr vermehren, daß ich keine Frau mehr kennenlerne, ohne mir auszumalen, wie sie als Mutter wäre. Natascha konnte ich mir als Mutter vorstellen, als Mutter besser denn als Geliebte. Offenbar hatte mich der Schöpfungstrieb, der sich unter meinen Altersgenossen ausbreitete, noch nicht selbst ganz unterworfen. Wird sich ändern, dachte ich, als ich den Schnaps bestellte und dabei den Mann registrierte, der sich drei Tische weiter neben die Frau gesetzt hatte, wird sich alles ändern.

2

Als Korinna mich endlich anrief, saß ich schon im Zug nach Montpellier. Der Empfang kam und ging. Es ist schwer, Mitgefühl zu äußern, wenn die Verbindung alle dreißig oder sechzig Sekunden unterbrochen wird und man Minuten braucht, um sie zurückzuholen. Selbst wenn wir miteinander sprachen, hörte ich die Hälfte der Zeit nichts. Ich gab mein Bestes. Immerhin war es mir egal, in den Hörer zu schreien wie jene Proleten im Anzug, die sich auf Bahnfahrten der Verachtung andienen. Es geht um einen Trauerfall, dachte ich, mesdames et messieurs, das werden Sie doch wohl hören, auch wenn Sie kein Deutsch verstehen. Ich verstand so viel, daß Korinna vorgestern in ihrer Wohnung gefunden worden und wohl tatsächlich einen natürlichen Tod gestorben war. Ich fand das tröstlich, nur um mich im selben Augenblick zu fragen, was daran tröstlich sei. Zum Glück sagte ich Korinna nichts von meiner Erwägung, sondern beließ es dabei, Seufzer des Kalibers *au Mann, au Scheiße* oder *o je* zu brüllen. Ich fasse es nicht, ich fasse es einfach nicht, war der längste Satz, den ich zwischen zwei Funklöchern unterbrachte. Wir verständigten uns darauf, daß ich sie anriefe, sobald der Empfang stabil sei. Ich drückte auf den roten Knopf und fing an, mich vor der Strecke zu fürchten, in der mein Telefon wieder funktionierte. Ich bemerkte, daß mir das Vokabular fehlte, um ein angemessenes Gespräch mit Korinna zu führen, und froh war, mich dank des schlechten Empfangs ohnehin nicht artikuliert haben zu können. Ich war froh darüber, entschuldigt zu sein für die Worte, die ich nicht gefunden hatte. Seit ihrer SMS hatte ich versäumt, mir zu überlegen, was ich Korinna hätte sagen können, um sie zu trösten oder ihr mein Mitgefühl zu bekunden. Statt dessen hatte ich mir die Fragen zurechtgelegt, die ich ihr stellen wollte, sobald sie anrief. Jetzt ging mir auf, daß ich Korinna zwar nach den Umständen des Todes befragen, sie aber viel eher von mir erwarten durfte, die Stille nach ihren Antworten zu überbrücken. Maike Anfang war ihre Kollegin und Freundin gewesen, nicht meine. Und irgend etwas war mit der Tür, Maike Anfangs Wohnungstür. Ich meinte verstanden zu haben, daß Korinna die Tür geöffnet hatte. Als erste? Wann? Genau das sind die Momente, in denen religiöse Menschen einen Vorteil haben, dachte ich, Menschen, denen eine Tradition zur Hand reicht, was sie jemandem in der Lage Korinnas sagen, was jemand in der Lage Korinnas tun, welche Worte sie beten könnten. Ich griff zur Fatiha wie zu einem Stück Holz, das zu klein ist, um mich über Wasser zu halten. Ich begann, die Gründe dafür zu entflechten, warum ich nach Köln fuhr. Der gestrige Abend war ohne besondere Vorkommnisse oder Einsichten zu Ende gegangen: Ich schlenderte nach Hause, nahm mir ein Beck's aus dem Kühlschrank, rief meine E-Mails ab, las die Besucherstatistik meiner Website und auf netzzeitung.de die Schlagzeilen des Tages, die von den Terroranschlägen in London beherrscht waren, klickte mich von der Spiegel-Meldung vier oder fünf Seiten weiter, schaltete den Computer aus und schlief unter den Fahnen eines Buches ein, das im Herbst erscheinen sollte. Es war das Buch eines Bekannten, Josef, seine erste Veröffentlichung in einem Publikumsverlag, die Geschichte zweier Jugendlicher im Saarland. Daß ich es zwar gut geschrieben, aber allzu konventionell und ohne existentiellen Ernst fand, beruhigte mich, zugegeben. Ich habe kein Problem damit, wirkliche Größe anzuerkennen und ohne ironische Brechung zu rühmen, sofern sie einer älteren Generation oder einem anderen Land zugehört. Wenn hingegen ein Deutscher in meinem Alter etwas Bleibendes schafft, versetzt mir das jedesmal einen Stich. Nicht, daß der Neid mir sympathisch wäre – nur halte ich nichts davon, mich selbst zu belügen. Gewiß, an Maike Anfang hatte ich noch oft gedacht, unsere beiden Begegnungen, die Umstände ihres Todes, wo sie jetzt wohl lag, wer die Hinterbliebenen sein mochten, ob sie verheiratet gewesen war, was man so denkt. Als ich um 23:48 Uhr die Nachttischlampe ausschaltete, überlegte ich mir, ob ich zur Beerdigung gehen würde, wenn ich in Köln wäre, und erwog bereits, eigens aus Cadaqués anzureisen. Letzteres erschien mir übertrieben, schließlich kannte ich sie kaum, wie ich mir ein ums andere Mal in Erinnerung rief. Ausradiert – das Wort war mir gestern abend ständig durch den Kopf gegangen: Wenn ich morgen fortfahre mit meinem Leben, habe ich sie nach ein paar Tagen ausradiert. Bei Korinna wird es Wochen dauern, höchstens Monate. Wenn Maike Anfang Familie hatte, blieben ihre Konturen noch länger erhalten. Allerdings erschien es unwahrscheinlich, daß sie Mann und Kinder hinterließ. An ihrer Seite sah ich nicht einmal einen Freund. Ich bilde mir ein zu erkennen, ob eine Frau gebunden ist oder nicht. Wer mochten die Eltern sein oder, wenn sie welche hatte, die Geschwister? Wenn es keine Lebensgefährten oder nahen Verwandten gibt, geht's schmerzlos mit dem Verschwinden. Niemanden bekümmert es. Niemand schaut zu. Niemand hält es auf. Im besten Tod bleibt ein Denkmal, eine Brücke, eine Stiftung, im Normalfall Gatte, Kinder, Enkel, im schlimmsten kein Gedenken. Zum feierlichen Begräbnis sollte es bei Maike Anfang reichen; wenn niemand anderer, würde Korinna dafür sorgen. Ob es zu einer Todesanzeige reichen würde? Bestimmt, schließlich hatte sie bei Ford gearbeitet, einem Weltkonzern. Ab welcher Gehaltsstufe schaltet Ford eine Anzeige? Ich konnte mir nicht vorstellen, daß der Tod eines jeden Arbeiters oder Lehrlings annonciert würde. Auf welcher Stufe der Trauer stand Maike Anfang? Auf welcher immer, Korinna würde für die Anzeige sorgen. Sie ist eine, die sich kümmert, auf die sich Freunde, Mitarbeiter, Mitmenschen verlassen können. Ich war dankbar, daß es Korinna gab. Sie würde den Ausputzer spielen, wenn Maike Anfang schnurstracks ins Vergessen bugsiert werden sollte. Vor der Morgendämmerung wachte ich auf und schaltete die Leselampe an: 3:23 Uhr. Vergeblich versuchte ich, dem Traum, aus dem ich geschreckt sein mochte, auf die Spur zu kommen. Nach ein paar Minuten fiel mir Maike Anfang ein. Ich griff nach dem Handy, das neben dem Bett lag. Ich hatte keine SMS erhalten, keinen Anruf überhört. Eine halbe oder volle Stunde lang versuchte ich, wieder einzuschlafen. Mit einem Glas Milch setzte ich mich an den Computer. Ich schaffte es nicht weiter als bis zur Anrede Korinnas. Die E-Mail klickte ich ungespeichert weg. Sie würde mich schon anrufen, sobald es ginge. Sie würde wissen, daß sie mich auch jetzt anrufen konnte, ich hatte es ihr auf den Anrufbeantworter gesprochen, ich hatte gesagt, ruf mich bitte an, sobald du sprechen willst und kannst, jederzeit, morgens, nachts, immer, hörst du?, ausdrücklich hatte ich das gesagt. Ich wollte mich nicht weiter aufdrängen. Ich wollte nur wissen, was mit Maike Anfang war. Ich nannte sie im Kopf durchweg Maike Anfang, niemals nur Maike, auch nicht Frau Anfang. Korinna hatte sie mir so vorgestellt, Maike Anfang. Beim Abschied vor den Taxis hatte ich sie Frau Anfang genannt, aber in der Betonung schon mit vorsichtiger Ironie. Beim nächsten Wein oder den ersten Mails wären wir sicher zu den Vornamen übergegangen, allenfalls daß wir beim *Sie* geblieben wären. In den iranischen Behörden hat sich nach der Revolution die umgekehrte Anrede durchgesetzt, Nachname mit *du.* Das ist mir noch unangenehmer. Meine Eltern sieze ich bis heute. Maike Anfang hätte ich bestimmt bald geduzt. Nun war sie – das Wort stand an Start und Ziel der Laufbahn, auf der meine Gedanken kreisten – *ausradiert.* Ich trank ein weiteres Glas Milch und begann, meine Sachen zu packen. Ich konzentrierte mich darauf, keine wichtigen Unterlagen oder Dateien für meine Arbeit zu vergessen. In der darauffolgenden Woche mußte ich ein Konzept für ein Festival orientalischer Kulturen in Baden-Württemberg vorlegen. Ich konnte es genausogut in Köln schreiben. Nur die Bücher, die ich eigens dafür nach Cadaqués mitgenommen hatte, vor allem aktuelle Literatur, dazu Sachbücher, CDs und Filme, mußte ich wieder in meinen Rimova packen, zusammen zehn oder zwölf Kilogramm, wenn nicht mehr. Ich wollte wissen, was mit Maike Anfang war. Es sollte einen Unterschied machen, daß wir uns kennengelernt hatten. Ich dachte, wenn die Möglichkeit eins zu hundert sei, daß ich gebraucht würde, daß Korinna mich bräuchte, daß ich etwas tun könnte für die Tote, müsse ich jetzt fahren. Immerhin kannte ich mich aus mit Feiern. Vielleicht konnte ich Korinna helfen, eine Abschiedsstunde für Maike Anfang zu konzipieren, gewiß nichts Pompöses, aber mit Würde. Der Zug von Portbou fuhr um 8:21 Uhr. So närrisch ich mir vorkam, war mir die Abreise doch ganz logisch erschienen. Wenn ich nicht führe, würde ich mich hinterher auf jeden Fall ärgern, weil ich immer dächte, etwas versäumt zu haben. Wenn ich hingegen führe, würde ich mich nur vielleicht ärgern, außerdem in überschaubarem Maße. Schlimmstenfalls kehrte ich nach zwei Tagen zurück, 500 Euro, im Zug könnte ich lesen. Um halb acht mußte ich im Taxi sitzen, um ihn zu erreichen. Ich hatte noch fast drei Stunden Zeit. Ich schrieb Stefanie eine Mail, daß ich heute schon nach Köln käme. Stefanie ist meine Sekretärin. Kurz nach sieben fand ich am Hafen ein Taxi. Auf der flachen Strecke hinter Argelès-sur-Mer stabilisierte sich der Empfang. Korinna meldete sich nach dem ersten Freizeichen. Solange es welche gab, hielten wir uns an den Fakten fest. Am Freitag, den 8. Juli, hatte Maike Anfang das Jazz-Festival im Kölner Stadtgarten besucht. Kurz vor Mitternacht hatte ihr Freund sie nach Hause gebracht. Sie hatte über starke Kopfschmerzen geklagt. Am nächsten Tag, Samstag, der 9. Juli, hatte der Freund mehrfach bei ihr angerufen und Nachrichten auf dem Anrufbeantworter und der Mobilbox ihres Handys hinterlassen. Maike Anfang hatte sich nicht gemeldet, obwohl sie verabredet waren, ans Meer zu fahren, und auch schon ein Hotel gebucht hatten. Zweimal war er zu ihrer Wohnung nach Ehrenfeld geradelt und hatte geklingelt, beim zweiten Mal an der Wohnungstür. Keiner der Nachbarn, die er fragte, hatte Maike Anfang an dem Tag gesehen. Maike Anfang war niemand, die eine Verabredung zu einer Reise nicht einhielt, ohne abzusagen; das konnte

Korinna bestätigen und wäre auch mein Gefühl gewesen: Etwas mußte passiert sein. Am späten Nachmittag war der Freund zur Wache in der Bismarckstraße gefahren. Die Polizei hatte seine Sorge ernst genommen. Zwei Beamte hatten ihn zu Maike Anfangs Wohnung begleitet. Zunächst hatten sie bei allen Nachbarn geklingelt. Danach hatten sie sich über Funk mit der Zentrale beraten. Sie hatten die Nummer von Maike Anfangs Handy gewählt und es in ihrer Wohnung klingeln hören. Schließlich hatten sie die Wohnungstür aufgebrochen. Der Freund hatte mit zwei Nachbarn im Treppenhaus warten müssen. Als der eine Polizist wieder in der Tür erschienen war, hatte er den Tod Maike Anfangs verkündet. Er hatte gesagt, daß der Freund die Wohnung im Augenblick nicht betreten dürfe, es aber ohnehin nicht ratsam für ihn sei, sich dem Anblick auszusetzen. Soweit hatte er das ausgeführt, daß Maike Anfang sich erbrochen hatte. Nichts hatte darauf hingedeutet, daß sie eines gewaltsamen Todes gestorben war oder sich umgebracht hatte. Auf meinen Einwand, daß eine Leiche doch nicht ohne jeden Verdacht zur Gerichtsmedizin gebracht würde und der Arzt irgend etwas gefunden haben müsse, meinte Korinna nur, daß sie sich mit so etwas nicht auskenne. Ich kannte mich auch nicht aus. Weitere Beamte und ein Arzt waren eingetroffen. Der Tod mußte eingetreten sein, kurz nachdem sich der Freund von Maike Anfang verabschiedet hatte. Ein Polizist hatte ihn nach Hause gebracht und ihm angeboten, einen Psychologen vorbeizuschicken. Der Freund hatte Korinna gesagt, daß die Polizisten sich mehr als nur professionell verhalten hätten, einfühlsam, beinah freundschaftlich. Er sei überrascht gewesen, mit seinem Verdacht auf der Wache sofort ernst genommen worden zu sein.

Wegen der Umstände und weil er kurz vor ihrem Tod noch mit Maike Anfang zusammengewesen war, mußte die Polizei formell auch gegen den Freund ermitteln. Sonntag mittag hatte er bei Korinna angerufen, weil er wußte, daß sie Maike Anfangs Freundin und Vorgesetzte war. Vorher hatte er bereits die Eltern und eine andere Freundin benachrichtigt, meinte Korinna verstanden zu haben. Die Nummern hatte er von der Polizei erhalten. Sie müssen auf einem von Maike Anfangs Telefonen gespeichert gewesen sein. Er hatte gesagt, daß er noch durcheinander sei, aber von seiner Schwester und deren Familie liebevoll betreut werde. Er hatte es in seiner Wohnung nicht ausgehalten. Am Abend hatte Korinna ihn bei der Schwester angerufen. Wahrscheinlich war es ein Gehirnschlag gewesen. Ich fragte, ob Maike Anfang an dem Erbrochenen erstickt sein könnte. Korinna antwortete, daß sie sich das auch vorstellen könne; von einem solchen Fall habe sie bereits gehört. Sie sagte, sie wisse auch nicht viel. Sie frage sich selbst, warum sie erleichtert gewesen sei, daß Maike Anfang sich nicht umgebracht habe. Ich sagte nicht, daß ich dieselbe Erleichterung empfunden und mir dieselbe Frage gestellt hatte. Maike Anfang habe in letzter Zeit nicht glücklich gewirkt, sagte Korinna. Sie habe mit ihrem Beruf gehadert. Sie sei jemand gewesen, die sich nie zufriedengibt, sosehr die Kollegen sie schätzten und so gut sie ihre Arbeit machte. Mit dem Freund sei sie seit ein paar Monaten zusammengewesen, kaum länger. Es könne keine allzu feste Beziehung gewesen sein. Sie habe selten davon gesprochen. Korinna habe ihn nie kennengelernt. Sie sagte, daß der Freund sich Vorwürfe mache, weil er Maike Anfang Freitag nacht trotz der Kopfschmerzen allein gelassen habe. Ich sagte, daß niemand auf die Idee käme, jemanden wegen Kopfschmerzen nachts zur Ambulanz zu bringen. Korinna sagte, daß Maike Anfang selbst den Freund nach Hause geschickt habe. Erst jetzt erwähnte ich, daß ich auf dem Weg nach Köln sei. Korinna freute sich oder sagte, daß sie sich freue. Ich traute mich nicht zu bemerken, daß ich wegen Maike Anfangs Tod zurückkehrte. Es schien mir übertrieben. Die Verbindung war noch immer nicht perfekt. Brüllen mußte ich zum Glück nicht mehr. Die Leiche sollte wegen der Ermittlungen erst morgen freigegeben werden. *Freigegeben,* so hieß das wohl. Ich fragte nicht nach. Ein Termin für die Beerdigung stehe noch nicht fest. Wahrscheinlich werde Maike Anfang in Bergneustadt begraben, wo ihre Familie lebte. Mit den Eltern habe Korinna nicht gesprochen. Der Freund stehe mit ihnen in Kontakt. Gleich fahre sie ins Büro. Einigen Kollegen habe sie schon Bescheid gegeben. Bestimmt werde es im Konzern eine kleine Gedenkfeier geben. Über die Abschiedsfeier für Patrick Boger sprachen wir natürlich nicht. Ich sagte nicht, daß ich bereits überlegt hatte, wie es mit der Feier nun weitergehen solle. Bestimmt hatte Korinna auch schon daran gedacht. Womöglich dachte sie, daß ich aus Sorge um die Feier bei ihr angerufen hätte. Ich sagte, daß ich sie zur Beerdigung begleiten werde. Das ist lieb, antwortete sie. Sie schien darüber froh zu sein. Ich fragte, wie es ihr gehe. Sie antwortete, sie sei okay. Sie habe Maike Anfang sehr gemocht, aber außerhalb des Büros nicht oft getroffen. Wir vereinbarten, daß ich sie am Abend von zu Hause aus anriefe. Ich wiederholte, daß sie sich melden solle, wenn etwas sei oder sie jemanden brauche zum Reden. Das Handy sei immer angeschaltet. Wenn die Mailbox antworte, führe ich nur gerade durch ein Funkloch. Korinna sagte, okay, sie werde sich melden, wenn etwas sei, aber sie sei schon in Ordnung. Es gebe einiges zu regeln. Ich wünschte ihr Kraft. Die Stunden bis Paris verbrachte ich überwiegend lesend. Das Festival, an dessen Konzeption ich arbeitete, brachte mich auf neues Terrain. Ich hatte mit dem Orient bislang beruflich nichts zu tun gehabt. Klar, ich war einige Male in Iran, zuletzt 2001. Als Kind war das Land eine Selbstverständlichkeit für mich, die Menschen, die Sprache, das Essen, Teheran. Dann konnte ich lange Zeit nicht mehr dorthin reisen, weil ich wehrpflichtig geworden war. Während des Studiums fing ich an, mich nebenher für die iranische Kultur zu interessieren, für das Kino vor allem, Musik, Mystik, Literatur. Ich habe auch Persisch-Kurse belegt, um lesen und schreiben zu lernen. Allerdings fehlt es mir bis heute an Übung. Nach dem Diplom bin ich erstmals wieder hingeflogen. Mein Vater hatte mich vom Wehrdienst freigekauft. Politisch ist es natürlich eine Katastrophe, aber ich habe ein paar Cousins und Cousinen in Teheran, mit denen ich viel unternommen habe, Feten, Bergsteigen, Reiten. Man kann im Norden Teherans hervorragend Ski fahren, übrigens auch billig. Der Islam hat mich immer genervt. Für mich war das alles bigott. Wäre es freier gewesen, hätte ich mir vorstellen können, in Iran zu leben. Ich hätte auch beruflich einige Möglichkeiten gehabt. Nur meine Haupteinnahmen hätte ich weiter aus Deutschland beziehen müssen. Finanziell wollte ich nicht von meiner Arbeit in Iran abhängig sein. Wenn ich zu Besuch war, versorgten meine Verwandten mich fast täglich mit Schilderungen über das Chaos in den Behörden, die Willkür, die Korruption. Das System ist verrottet bis in die Wurzeln. Bei der Präsidentschaftswahl 2002 bin ich zum ersten Mal wählen gegangen. Die iranische Botschaft hatte in Bonn ein Wahllokal eingerichtet, sehr befremdliche Leute, aber auffallend bemüht. Seitdem hat sich mein Interesse verlo-ren. Die Hoffnungen haben sich zerschlagen. Allerdings hatte ich auch immer weniger Zeit. Die Wohnung in Cadaqués zu kaufen kam einer Entscheidung gegen Iran gleich, obwohl ich mir das damals nicht bewußt gemacht hatte. Es war eine realistische Entscheidung. Kurz nach Lyon nahm ich mir vor, nächstes Jahr wieder hinzuflie-gen, um mit Sohrab, meinem Cousin, wandern zu gehen. Ihn vermißte ich am meisten, ihn und seine jüngere Schwester Sepideh, die zwei Tage vor mir zur Welt ge-kommen ist. Meine Eltern reisen auch nicht mehr oft nach Iran. Sie haben sich ein Ferienhaus gekauft an der Côte d'Azur, vier Stunden entfernt von Cadaqués. Dort sehe ich sie öfter als in Deutschland. Mit Iran haben sie abge-schlossen, ohne es sich einzugestehen. Die letzten dreimal sind sie hingeflogen, um jemanden zu begraben. Wenn es sich irgend rechtfertigen läßt, kondolieren sie von Europa aus. Mich störte es, wie abschätzig sie manchmal über die Toten sprachen, von den Leiden, die dem Tod vorausge-gangen waren und den Schmerzen der engsten Angehöri-gen – als härteten sie sich ab für ihren eigenen Tod, für das Vergessen, und daß es nun einen nach dem anderen tref-fen würde. Ich hätte mir mehr Betroffenheit gewünscht. Wenn nicht das Angebot gekommen wäre, das Festival zu konzipieren, hätten sich auch meine Fäden in den Orient verloren. Nicht daß ich mich wohl fühle als Deutscher. Ich habe nur einfach den Zeitpunkt verpaßt, ernst zu ma-chen mit Iran. Daß ich angefragt worden bin, das Festival zu konzipieren, verdanke ich ausschließlich meinem Na-men. Mit den Arabern hatte ich vor dem Auftrag überhaupt nichts zu tun gehabt. Nicht einmal einen Tauchurlaub am Roten Meer hätte ich als Qualifikation aufweisen können. Je mehr ich las, desto reizvoller fand ich das Thema. Außerdem gab es seit 9/11 derart viel Islam, daß es sich finanziell nur lohnen konnte, mich auf dem Feld zu profilieren. Allerdings wehrte ich mich gegen das Wort selbst. *Islam* waren meine Großeltern, nette, warmherzige Leute. Die Künstler, die ich für das Festival vorschlagen wollte, hatten mit Islam so viel oder so wenig zu tun wie Gerhard Richter mit dem Christentum; keiner unter ihnen war ein *islamischer* Dichter, Musiker, Maler. Das hatte ich schon zu Beginn meiner Recherche begriffen. Es hatte mich viel Energie gekostet, das Attribut *islamisch* aus dem Titel des Festivals zu streichen. Wollt ihr einen Dialog mit dem Islam, oder wollt ihr Kunst, Literatur, Musik? hatte ich die Beamten im Kulturministerium gefragt. Wenn ihr Dialog haben wollt, ladet ein paar Mullahs ein und setzt sie neben einen Pfarrer. Wenn ihr aber Kultur haben wollt, nennt sie bitte nicht *islamisch.* Das machen schon die Fundamentalisten, hatte ich gesagt. Das Argument hatte ich aus einem Aufsatz in Le Monde diplomatique. Es hat die Beamten am Ende überzeugt. Wahrscheinlich hatte der Ministerpräsident Geschäfte laufen mit Saudi-Arabien. Mir war das egal. Für die Eröffnungsgala schwebte mir vor, Emil Zrihane einzuladen, einen Israeli marokkanischer Herkunft. Wer seinen Gesang hört, kommt nicht darauf, daß die Musik nicht arabisch sein könnte. Sie ist arabisch, nur eben jüdisch. Solche Irritationen hervorzurufen nahm ich mir für das gesamte Festival vor. Ich bin bekannt dafür, die Erwartungen eines Publikums zu durchkreuzen. Mich beauftragt, wer etwas Außergewöhnliches plant. Deshalb hatte

Korinna mich angemailt. Maike Anfang hätte mich verstanden. Wir wären ein gutes Team gewesen. Sie haderte mit dem Beruf, hatte Korinna über sie gesagt. Wer weiß, vielleicht wäre mehr aus unserer Zusammenarbeit geworden. Schon seit einigen Monaten erwog ich, das Büro zu vergrößern. Entgegen meiner Absicht war Stefanie eine bloße Schreibkraft geblieben. Ich brauchte jemanden, der mich in Köln vertrat, wenn ich in Cadaqués war, der mit Veranstaltern reden, sie begeistern konnte. Ich wollte noch weniger Zeit in Deutschland verbringen. Zu begeistern und zu repräsentieren durfte Maike Anfang bei Ford gelernt haben, dachte ich. Außerdem begriff sie meine Philosophie besser als ich selbst. Tagträumend stellte ich mir vor, was aus unserer Zusammenarbeit hätte werden können. Daß sie bei aller Wohlgestalt ihres Körpers nicht sonderlich attraktiv wirkte, schien mir von Vorteil zu sein. Ich brauchte jemanden wie sie. Es sollte um die Sache gehen. Mir fiel wieder ein, daß ich in Köln nichts verloren hatte, außer mich um Maike Anfang zu kümmern. Ich hatte keine Lust auf die Wohnung, die Leute, die Südstadt. Alle redeten jetzt von der Nordstadt und wie cool es dort wäre, Nippes, Agnesviertel, Eigelstein. Ich war in der Südstadt hängengeblieben, wo die Frauen längst nicht mehr hip und die Kinder schon so zahlreich wie in Cadaqués waren. Die Zeitungen, das Fernsehen würden voll von dem Terroranschlag in London sein, voll von dem Mist, den sie über uns ausschütten. Was hatte ich mit den Idioten zu tun, die sich in die Luft sprengen? Sollte man den Arabern doch den Koran kollektiv in den Arsch stecken. Entschuldigte sich ein Deutscher bei mir für Tschetschenien, nur weil dort Christen Muslime massakrieren? Die Toten von 9/11 konnten wir gern gegen Srebrenica aufrechnen. Mein Sommer in Cadaqués hatte gerade erst begonnen. Hoffentlich braucht Korinna mich, dachte ich, sonst ist der ganze Aufwand umsonst.

3

Daß man auf Reisen so gut erreichbar bleibt, hat den Nachteil, daß man bei der Rückkehr nach Hause zu wenig Nachrichten vorfindet, um die Zeit bis zum Müdewerden zu überbrücken. Freunde schreiben überhaupt nicht mehr auf Papier. Die übrige Post und den Anrufbeantworter hat Stefanie schon abgearbeitet. Was wichtig war, hat sie mir am Telefon gesagt oder gefaxt. Die meisten rufen mich gar nicht erst im Festnetz an. Noch dazu war ich kaum mehr als eine Woche fortgewesen und hatte in Köln nicht einmal etwas Bestimmtes zu tun, das mir als Vorwand, da zu sein, unter die Arme gegriffen hätte. Den Fernseher schaltete ich beim ersten Bericht über London aus, also nach fünfzehn Sekunden. Wenn ich Terrorist wäre, dachte ich, würde ich als erstes die Experten liquidieren. Oder ich würde in die Mikrophone kleine, ferngesteuerte Fäuste einbauen, die dem Sprecher unters Kinn fahren, sobald seine Erklärung die Grenze zum Schwachsinn überschreitet. Ich stellte mir vor, wie die Experten alle zehn Sekunden einen Schlag ins Kinn bekämen. Wie kaputt ausnahmslos alle Ehen meiner Freunde bei näherem Hinsehen auch sein mochten – gut hatten sie es darin, nach Reisen nicht mehr die Tür zu einer leeren Wohnung zu öffnen. Vielleicht sollte ich mir ein Haustier anschaffen, dachte ich, eine Katze am besten. Stefanie könnte sie füttern, wenn ich unterwegs wäre. Sie hatte ihr Büro in meiner Wohnung. Das hieß: Wenn ich gleich unter der Dusche ausrutschte, würde ich bereits morgen gefunden werden, genau gesagt gegen elf. Die Beerdigung würden meine Eltern übernehmen. Sie würden sofort aus Frankreich anreisen. Meine Schwester Minu, die in München lebt, wäre ebenfalls erschüttert. Die Familie nähme sich ein Hotel, vermutete ich, denn in meiner Wohnung zu übernachten, hätte sie Skrupel, sogar Minu, die ihren Geiz als spirituelle Askese verkauft – was sie nicht daran hindert, Unsummen auszugeben für die Hygiene ihrer Seele. In München scheint solcher Ablaßhandel zu blühen. Ich rief Korinna an, noch ungeduscht. Sie klang so bedrückt, wie ich erwartet hatte. Schön, daß du anrufst, sagte sie. Ich dämpfte ebenfalls meine Stimme. Jemand aus dem Vorstand hatte in ihrer Abteilung eine kurze Ansprache gehalten. Sie selbst hatte auch einige Worte gesagt. Es ist eigentlich ganz schön gewesen, sagte sie, ein Moment, in dem alle gespürt hätten zusammenzugehören, nicht als Angestellte, als Menschen irgendwie zusammenzugehören. Alle hätten Maike Anfang gemocht. Wie viele seid ihr, fragte ich. Insgesamt siebenundzwanzig, sagte Korinna, aber es seien nicht alle dagewesen. Und wie war es sonst heute? Nicht viel anders als an anderen Tagen, nur daß keiner gelacht habe. Die Dinge, die es zu regeln gab, war sie noch nicht angegangen, sagte sie. Schon gar nicht hätte sie sich überwinden können, Maike Anfangs Büro zu betreten. Niemand hätte die Tür geöffnet. Die Putzfrau am Abend dürfte die erste gewesen sein. Viel zu putzen hatte sie nicht, dachte ich. Gestern abend hatte Korinna noch einmal mit Maike Anfangs Freund telefoniert. Es war wohl tatsächlich ein Gehirnschlag gewesen oder etwas Ähnliches. Morgen sollte die Leiche freigegeben werden. Das Begräbnis würde in Bergneustadt stattfinden. Ein Termin stand noch nicht fest. Das haben wir doch schon alles gewußt, dachte ich. Ich fragte Korinna, ob sie sich mit dem Freund verabredet habe. Sie habe ihm angeboten, sich zu treffen, aber er habe geantwortet, daß er sich besser allein zurechtfinde im Augenblick. Seine Schwester kümmere sich um ihn. Er übernachte wieder bei sich zu Hause. Sie könne verstehen, sagte Korinna, daß der Freund im Augenblick lieber allein sein wolle. Ja, das sei verständlich, stimmte ich ihr zu: nach diesem Schock. Bei der Beerdigung würde sie ihn ja spätestens kennenlernen, bemerkte Korinna noch. Und wie geht es dir? fragte ich. Geht so, antwortete sie, schon okay, ein bißchen traurig. Ist ja klar, daß man traurig ist, bemerkte ich, ist doch völlig klar. So ein Tod stellt alles in Frage, sagte Korinna, den Wert von all dem, was wir tun. Ich erwiderte, daß der Tod aber auch helfe, sich auf das Wichtige im Leben zu besinnen. Ja, so viel ist es nicht, was wichtig ist, sagte Korinna. Das Leben ist so zerbrechlich, fuhr ich fort: Wir müssen achtgeben darauf, achtgeben auf jede Sekunde. Und wir müssen lieben, sagte Korinna, die Liebe sei das Wichtigste überhaupt, das führe ihr so ein Tod wieder vor Augen: Wir müßten viel lieber miteinander umgehen, im Privaten, aber auch insgesamt. Ich konnte nichts mehr erwidern. Drei, vier Sekunden blieb die Leitung still. Alles, was zu bemerken mir einfiel, hätte endgültig die Grenze zum Schwachsinn überschritten. Die Faust fiel mir ein, die aus der Sprechmuschel fahren und mich ans Kinn treffen könnte. Das darf nicht wahr sein, seufzte ich schließlich, ich kann das einfach nicht fassen. Zum Glück fragte Korinna mich nicht, warum ich überhaupt in Köln war. Ich wollte nicht zugeben, daß ich wegen Maike Anfang zurückgekehrt war, wegen Maike Anfangs Tod. Ich hatte sie doch kaum gekannt. Und so nah stand Korinna weder Maike Anfang noch mir, daß sie auf meinen Beistand angewiesen wäre. Wir müssen mal besprechen, wie es jetzt weitergeht, sagte ich. Ja, laß uns mal treffen, sagte sie. Wenn du Zeit hast, könnten wir diese Woche essen gehen, sagte ich. Das wäre schön, sagte sie. Sie fände es schön, mich zu sehen. Sie müsse nur schauen, ob sie es diese Woche schaffe. Es sei viel zu tun, nicht nur wegen Maike Anfang. Viele ihrer Mitarbeiter seien im Urlaub. Ob ich wirklich mitkommen wolle zur Beerdigung? Sicher, antwortete ich, das hätte ich ja schon gesagt. Das ist schön, sagte sie und bedankte sich. Wie oft sie *schön* sagte, dachte ich: Sagte sie das immer? Bislang war mir nur aufgestoßen, daß sie ständig zu dem Attribut *wahnsinnig* griff, *wahnsinnig* spannend, *wahnsinnig* nett, *wahnsinnig* schön. *Wahnsinnig* benutzte sie jetzt gar nicht mehr. Auf den Stil zu achten gehört zu meinem Beruf, mag es in der Regel auch der Stil der Kleidung oder des Auftritts sein. Wir verabredeten, die Tage miteinander zu telefonieren. Wenn es etwas Neues gebe, würde Korinna mich anrufen. Als ich aufgelegt hatte, fiel mir keine mögliche Neuigkeit ein außer dem Termin der Beerdigung. Alles andere war geklärt oder würde geregelt werden. Selbst Korinna hatte mit Maike Anfangs Tod nur noch betriebsintern zu tun. Ich gestand mir die Enttäuschung darüber ein, daß sie so gefaßt schien. Aber wie hätte sie anders sein können? Sie war schließlich traurig, kein Zweifel. Sie war niemand, der ohne Umstand zur Tagesordnung überging. Wahrscheinlich hatte sie sogar eine Verabredung abgesagt oder war nach der Arbeit nicht ins Fitneßstudio gegangen. Im Konzern hatte sie einen angemessenen Abschied von Maike Anfang bereits in die Wege geleitet. Um alles andere kümmerten sich der

Freund oder die Eltern. Was hätte Korinna noch tun können? Wenn sie geweint hätte, hätte ich sie trösten können. Ich begriff, daß sie mit Maike Anfang längst nicht so eng befreundet gewesen war, wie ich angenommen hatte. Sie waren Kolleginnen gewesen und hatten sich gelegentlich außerhalb des Büros gesehen, nicht oft. Korinna dürfte viele Bekannte wie Maike Anfang haben. Offen blieb, ob auch umgekehrt Korinna für Maike Anfang eine unter vielen Bekannten gewesen war. Nun gut, dachte ich, nach der Beerdigung setze ich mich wieder in den Zug. Vielleicht würde sich der Sinn meiner Rückkehr noch erweisen. Vielleicht stellte sich in den nächsten Tagen heraus, wer an Stelle Maike Anfangs die Abschiedsfeier für Patrick Boger betreuen sollte. Dann könne man die notwendigen Absprachen jetzt schon treffen. Ich fuhr mit der Routine des Ankommens fort, wenngleich Maike Anfang mein Bewußtsein immer nur für Minuten verließ. Immer wieder stellte ich sie mir in einem Kühlraum vor, in einer Art Kühlschrank, in den man sie horizontal hineingeschoben hatte. War sie nackt? Hatte man sie schon gewaschen? Wo lag sie überhaupt, in einem Krankenhaus, bei der Polizei, der Justiz, in einem gerichtsmedizinischen Institut? Ich hatte keinerlei Vorstellung, was mit einer Leiche in Köln geschieht, noch dazu einer Leiche, die von der Polizei oder welche Institution auch immer dafür zuständig sein mochte noch nicht freigegeben war. Deutsche Kriminalfilme, die mir Hinweise hätten geben können, sah ich so gut wie nie. Weder im Telefonbuch noch in den Gelben Seiten fand ich einen Hinweis auf ein Leichenschauhaus oder etwas Ähnliches. Man muß doch irgendwo anrufen können, wenn jemand gestorben ist, dachte ich. Die unmittelbaren Angehörigen würden wahrscheinlich von der Polizei oder dem Krankenhaus instruiert. Auch im Internet wurde ich nicht fündig. Ich googelte erst *Leichenschauhaus Köln,* dann *Gerichtsmedizinisches Institut Köln* und blieb jedesmal bei Seiten hängen, die mit meiner Frage nichts zu tun hatten. Ich las mich fest bei Günter Wallraff und dann bei der Medizinischen Fakultät der Universität zu Köln, ohne auf die Suchwörter noch zu achten. Was war mit Maike Anfang? Sie selbst hatte es bei *google* auf neunzehn Einträge gebracht, fast alle im Zusammenhang mit Aktivitäten der Ford AG Deutschland. Drei Einträge wiesen sie als Mitglied der Hockeymannschaft Damen II von Schwarz-Weiß Köln aus. Wenigstens schien es nur einen Menschen ihres Namens gegeben zu haben. Ihre Doktorarbeit schien nicht veröffentlicht worden zu sein. Ich bestellte den Titel im Online-Katalog der Universitätsbibliothek: *Verteufelungen, Judendarstellungen und Feindbilder im deutschen Oster- und Passionsspiel. Eine Untersuchung anhand der Manuskripte der theaterwissenschaftlichen Bibliothek Porz-Wahn.* Auf der Eingangsseite meiner eigenen Website trug ich den fettbeschrifteten Hinweis ein, daß am Samstag, dem 9. Juli 2005, leider meine Kollegin Maike Anfang verstorben sei. So würde sie es wenigstens auf den zwanzigsten Eintrag bringen. Ich nahm mir vor, den Seiten, auf denen ich später die Abschiedsfeier Patrick Bogers präsentieren würde, den Hinweis *In memoriam Maike Anfang* voranzustellen, verbunden vielleicht mit einem Link zu ihrem Lebenslauf, einem Bild und einer Erklärung, in welcher Beziehung wir zueinander gestanden hatten. Auch auf der Feier selbst könnte ich einen Hinweis unterbringen, zumindest im Programmheft, sofern es eines geben sollte. Einen Gedanken weiter wirkte das alles albern. Dieselbe kindische Anwandlung hatte mich schon aus Cadaqués vertrieben. Den Hinweis auf meiner Website ließ ich fürs erste stehen. Meine Augen brannten vor Müdigkeit. Ursprünglich hatte ich geplant, noch um die Ecke etwas essen zu gehen, ein Dürüm mit Ayran oder Spaghetti all'Arrabiata, etwas Leichtes. Jetzt konnte ich mich nicht einmal aufraffen, eine Tiefkühlpizza in den Ofen zu schieben. Um tatsächlich einschlafen zu können, nahm ich mir das dritte Kölsch und trat auf den Balkon, der auf den Hinterhof geht. So unzuverlässig Stefanie war, hatte sie immerhin daran gedacht, das Kölsch in den Kühlschrank zu stellen. An diese Dinge denkt sie. In Boxershorts und T-Shirt war mir zu kalt. In Cadaqués wäre es jetzt perfekt, dachte ich und schloß die Balkontür hinter mir. Zwei, drei Freunde gab es, die ich noch hätte anrufen können, aber es war spät genug, schlafen zu gehen, halb zwölf. Josef, der mir die Fahnen seines Buches gegeben hatte, würde sich über meinen Anruf am meisten freuen, aber diese Lüge würde ich noch ein wenig vor mir herschieben können. Maike Anfangs Nummer hatte ich noch nicht in meinem Handy gespeichert, erinnerte ich mich, als ich die Namen im Adreßbuch herunterklickte. Ihre Visitenkarte hatte ich heute morgen auf dem Schreibtisch in Cadaqués noch gesehen, aber weder mitgenommen (wozu?) noch weggeworfen (unmöglich). Ich könnte ihren Freund bitten nachzuschauen, ob sie meine Nummer schon gespeichert hatte, überlegte ich und klickte mich im Adreßbuch weiter nach unten. Es hätte mich interessiert. Außer Stefanie und Korinna wußte niemand, daß ich zurück war. Als ich das Handy neben das Bett legen wollte, sah ich, daß ich eine SMS empfangen hatte. Ich wunderte mich: Gewöhnlich macht das Handy ein grunzendes Geräusch, wenn es eine SMS empfängt. Ich mußte es überhört haben. Korinna hatte mir um 22:38 Uhr, eine gute Stunde nach unserem Gespräch, mitgeteilt, sich über meine Rückkehr zu freuen: *Es ist schön, daß du wieder zurück bist. Ich danke dir. Laß uns bald sehen. Alles liebe, korinna.* Sie fühlt sich wahrscheinlich genauso allein wie ich, dachte ich, und hat dieselben Gedanken. *Korinna,* schrieb ich zurück, *ich bin wegen dir zurückgekehrt, für den Fall, daß du mich brauchst, d.* Noch während die Nachricht unterwegs war, bereute ich, so deutlich geworden zu sein. Außerdem war ich mir nicht einmal sicher, ob es stimmte. Nein, ich war mir beinah sicher, daß ich nicht wegen Korinna zurückgekehrt war. Jedenfalls im Morgengrauen, als ich beschloß, aus Cadaqués abzureisen, hatte ich kaum an sie gedacht. Wieso hatte ich es dann behauptet? *Danke! Ich bin froh, daß wir uns kennengelernt haben, korinna.* Sie mußte die Nachricht sofort nach Eingang der meinen getippt haben. Ich überlegte, ob sie mich mit der SMS auf höflicher Distanz halten oder im Gegenteil zu weiteren Äußerungen anstiften wollte. Wahrscheinlich wollte sie genau das in der Schwebe halten. Wahrscheinlich konnte sie nicht einschlafen. Wahrscheinlich bot ich ihr nichts anderes, als was sie mir bot. Wenn es nur Einsamkeit oder Schlaflosigkeit gewesen wäre, hätte ich noch in die Kneipe gehen oder bei Freunden anrufen können. Korinna bot mir die tote Maike Anfang, das gleiche Empfinden. *Magst du noch zu mir kommen, oder sollen wir uns treffen? D.* Diesmal ärgerte ich mich noch mehr über meine Nachricht. Korinna mußte sie als Angebot verstehen, die Nacht mit mir zu verbringen. Das war es auch, gab ich mir zu. Es war nicht das Bedürfnis, mit Korinna zu schlafen. Ich hätte sie einfach gern bei mir gehabt, sie im Arm gehalten, mehr von ihr erfahren. Ich hätte auch mit ihr geschlafen, klar, aber das war nicht das

Entscheidende. So attraktiv sie war, vermutete ich bei Korinna nicht jene Hemmungslosigkeit, die mich verzücken würde. Entscheidend war, ihr nah zu sein, jetzt, das Vertrauen, das wir zwischen uns spürten, zu erkunden, es auf die Körper auszuweiten. Aber vielleicht spürte nur ich es und täuschte mich also. Vielleicht hatte ich durch meinen Vorstoß das Vertrauen zerstört, als es gerade im Entstehen war. Sie hatte keine Möglichkeit, mich so zu verstehen, wie ich es gemeint hatte beziehungsweise es mir nachträglich selbst erklärte. Ich wartete ab, ob Korinna mir wieder so prompt antworten würde wie auf meine vorherige SMS, öffnete die Balkontür und hörte mit dem Handy in der Hand noch zwei oder drei zusätzliche Minuten den Geräuschen des Innenhofs zu, fröstelnd. Die Fenster und Balkontüren fast aller Nachbarn waren geöffnet. Kalt konnte es nicht sein. *Das sollte keine anmache sein, korinna, wirklich nicht. Ich wollte einfach nur, daß du weißt, daß ich da bin für dich, wenn du mich brauchst. Und daß ich dich wirklich mag und mich immer freue, dich zu sehen. D.* Mit diesen Worten, so schien mir, könnte ich schlafen gehen, auch wenn Korinna mir heute nicht mehr oder abweisend antworten würde. Ich könnte mich immer zurückziehen auf eine Position übersteigerter, aber allgemeiner Mitmenschlichkeit und Sympathie. Und mochte sie mir nicht glauben, war es auch nicht weiter schlimm. Ich war auf Korinna nicht angewiesen. Ich hatte nur nicht gewollt, daß sie denkt, ich sei es. Mochte sie es denken, sagte ich mir nun. Sie würde sich über meine gelassene Freundlichkeit, mit der ich in unserer Beziehung fortfahren würde, um so mehr wundern und sich im Laufe der Zeit selbst korrigieren. Eine weitere Blöße würde ich mir nicht geben, sofern sie sich nicht öffnete. Die Voraussetzung für eine gute Zusammenarbeit war weiterhin vorhanden; schade nur, daß Maike Anfang nicht mehr dabeisein würde. Mit ihr wäre es etwas anderes gewesen. Mit ihr hätte mich etwas Tieferes verbinden können. Nichts Sexuelles meine ich, etwas Tieferes. *Das ist total lieb von dir. Hätte dich gern noch gesehen. Aber bin jetzt schon halb im bett und muß morgen früh raus. Schade. Hast du übermorgen abend zeit?* Ich konnte den Tag beruhigt beenden. Im Zusammenspiel hatten wir mein kleines Fiasko vermieden. Wie auch immer sie meine beiden letzten Nachrichten deutete, sie hatte die Worte gefunden, nach denen wir unsere Bekanntschaft nahtlos fortsetzen und verfestigen konnten. Ohne sich ihrerseits eine Blöße zu geben, hatte sie exakt das Maß an Zuneigung hinzugefügt, das nötig war, damit meine Annäherung uns nicht peinlich berührte. Würde ich mich übermorgen zurückhalten, wäre unser Verhältnis wieder ausgeglichen. *Klar habe ich zeit. Meld dich einfach, d.* Die Worte *Freue mich auf übermorgen* löschte ich, bevor ich die SMS abschickte. Sie schienen mir zwar angesichts der Vertrautheit, die wir bereits hergestellt hatten, unverfänglich, doch ging ich auf Nummer sicher. Gefühle hatte ich für den Abend genug gesimst. Es war 0:23 Uhr. Sollte ich mir noch ein Kölsch holen oder schlafen gehen? Der Supermarkt von Cadaqués verkauft unter den deutschen Bieren nur Beck's. Bier trinke ich deutsch, die einzige Regung meines Deutschtums, bevorzugt allerdings Kölsch, weil der Lokalpatriotismus immer überwiegt. Den Unterschied würde ich ohne Etikett wahrscheinlich nicht erkennen. Die Light-Versionen verachte ich, obwohl sie besser wären für meine Linie. Lieber laufe ich ein paar Minuten zusätzlich am Rhein oder schwimme in Cadaqués einen Felsen weiter. Mir ist meine Linie wichtig, nicht *wahnsinnig* wichtig, wie Korinna sagen würde, aber wichtig. Ich will gut aussehen und stehe dazu. Daß ich nicht wußte, wieviel Zeit ich in den nächsten Tagen haben würde zum Sport, gab den Ausschlag gegen ein weiteres Kölsch. Vorhin hätte ich sofort einschlafen können. Jetzt nahm ich mir ein Buch aus der Reisetasche, das ich für das Festival in Baden-Württemberg lesen wollte, den Roman einer jungen Türkin, und legte mich aufs Bett. Jemand aus dem Kultusministerium hatte sie als Hauptrednerin für den Eröffnungsabend der orientalischen Kulturwochen vorgeschlagen. Auf dem Photo sah sie etwas mondän, aber hübsch aus. In einem Interview hatte sie gesagt, daß sie sich für Mystik interessiere und nichts mit der anti-islamischen Haltung ihrer Kollegen anfangen könne. Das gefiel mir. Als Eröffnungsrednerin paßte jemand wie sie genau in mein Konzept, eine junge Türkin, attraktiv, sympathisch, erfolgreich und ihrem ganzen Habitus nach vollkommen emanzipiert und säkular, die selbstbewußt auf dem islamischen Erbe beharrt. Mich selbst widert die Hetze der Medien gegen den Islam so an, daß ich mir immer wieder ins Gedächtnis rufen muß, gar nicht besonders islamisch zu fühlen. Am ehesten zieht mich die Mystik an, genau wie diese junge türkische Autorin. Egal, wie ihr Buch war, ich würde sie in dem Festival schon plazieren. Wir hätten uns viel zu sagen, dachte ich. Als Kind war ich oft dabeigewesen, wie die Erwachsenen nach dem Abendessen die persischen Klassiker vortrugen, Hafis, Rumi und so weiter. Als ich sie später zu verstehen begann, staunte ich über die Rätsel. Weiter bin ich nicht vorgestoßen. Mir fehlte der Ehrgeiz meiner iranischen oder türkischen Altersgenossen, Islamwissenschaft zu studieren, um die eigene Kultur, meine Identität! kennenzulernen. Zugegeben, nach dem Abitur hatte ich mit dem Gedanken gespielt, aber als ich erfuhr, daß ich dafür Arabisch lernen müßte, war die Angelegenheit für mich erledigt. Der Persischkurs an der Volkshochschule genügte als Ausrede, um mich weiterhin mit etwas anderem als Deutschland zu identifizieren. Keine Frage, die Jungens, die sich in London oder wo immer in die Luft sprengen, sind vollständig durchgeknallt. Irgendwo hatte ich einen Artikel gelesen, in dem der ganze religiöse Scheißdreck als Folge sexueller Frustration erklärt wurde. Das erschien mir plausibel. Die haben alle nicht genug gefickt, dachte ich. Und diese Mullahs, die ihnen den Schwachsinn einflüstern, sollte man gleich mitficken. Das wäre mal ein Job für diese Holländerin, die jetzt überall zu sehen ist und zugegeben nicht schlecht aussieht, dachte ich und überlegte, ob ich nicht doch noch den Fernseher einschalten sollte, um zu sehen, was mit den Anschlägen war. Schlafen könnte ich ohnehin nicht. Harald Schmidt hatte Sommerpause. Das Buch der Türkin hatte ich eine Stunde vor Köln erst angefangen. Die Fahnen meines Freundes sollte ich ebenfalls zu Ende lesen. Ich nahm das vierte Kölsch und trat wieder auf den Balkon. Es ist ein kleiner Balkon, einen Schritt breit, drei lang, zwei Stühle, kein Tisch. Überhaupt wäre die Wohnung zu klein, sollte ich einmal Familie haben. Bei fünf Nachbarn brannte noch Licht, also nicht einmal in einer Wohnung pro Haus. Daß es morgen warm werden sollte, war auch wieder so eine Lüge. Ich stellte die Flasche Kölsch, aus der ich nicht einmal bis zum Etikett getrunken hatte, auf den Boden und ging zurück ins Zimmer. Etwa zehn Sekunden lang stand ich unschlüssig im Raum. Dann zog ich mir den Pyjama an und putzte mir die Zähne. Im Bett prüfte ich noch einmal alle Nachrichten, die Korinna und ich uns seit gestern gesimst hatten. Es war in Ordnung. Es war ein bißchen übertrieben, aber in Ordnung. Mir fiel ein, daß ich mich noch kein einziges Mal gefragt hatte, ob sie mit jemandem liiert war. Wir hatten nie darüber gesprochen, weder über ihre noch über meine etwaige Beziehung. Vielleicht wohnte sie sogar zusammen mit einem Mann. Vielleicht war sie verheiratet und hatte Kinder. Letzteres schien mir ausgeschlossen, sonst wäre sie abends nicht oft unterwegs gewesen und hätte mich auch nicht spontan in Cadaqués besucht. Außerdem habe ich es noch nie erlebt, daß eine Mutter ihre Kinder so lange nicht erwähnt, jedenfalls nicht, wenn die Kinder noch klein sind. Einen Freund oder einen Mann konnte Korinna verschwiegen haben, jedoch keine Kinder. Am wahrscheinlichsten war, daß sie allein lebte und anfing, von einer Familie zu träumen. Daß sie lesbisch war, hielt ich für ausgeschlossen. Dafür habe ich ein Sensorium. Ob sie etwas mit Patrick Boger hatte? Wenn sie jetzt neben mir läge, hätte ich doch gern mit ihr geschlafen, dachte ich. Aber warum war ich zurückgekehrt? Ich stand auf und schaute im Telefonbuch nach Maike Anfang. Daß ich nicht früher darauf gekommen war, wunderte mich. Tatsächlich fand ich unter den drei Anfangs ihren Namen. Ich wählte die Nummer und hörte nach vier Freizeichen, daß sie nicht zu Hause sei, mich aber umgehend zurückrufen werde, wenn ich nach dem Signalton eine Nachricht hinterließe. Als ich auflegte, hatte der Anrufbeantworter eine Sekunde meines Atmens aufgenommen. Habe ich mich damit verdächtig gemacht? fragte ich mich. Vielleicht würde die Polizei den Anrufbeantworter abhören. Andererseits dürften die Ermittlungen eingestellt worden sein, wenn morgen die Leiche freigegeben würde. Und jemand, der sie nach ihrem Tod noch anrief, konnte kaum als Mörder in Frage kommen. Was hieß das überhaupt, daß die Leiche freigegeben würde? Wohin würde Maike Anfang gebracht werden? Und wo lag sie jetzt? Ich drückte auf die Wahlwiederholung und hinterließ diesmal meinen Namen, meine Nummer und die Nachricht, daß ich ein Kollege und Freund von Maike Anfang sei, von ihrem Tod gehört hätte und um Rückruf bäte, falls ein Angehöriger oder Freund den Anrufbeantworter abhöre. Maike Anfang habe mir sehr viel bedeutet, und ich wäre zutiefst dankbar, wenn ich mit jemandem, der ihr nahestehe, reden könnte, nicht zuletzt, um den Termin der Beerdigung zu erfahren. Außerdem bot ich meine Hilfe an, entschuldigte mich und bekundete mein Beileid.

4

Das sei nett von mir, daß ich so schnell vorbeigekommen sei, sagte Maike Anfangs Mutter, als sie die Tür öffnete. Sie hatte mich vom Telefon ihrer Tochter aus angerufen, als ich mir die Zähne putzte, 9:15 Uhr. Schon im zweiten Satz hatte sie sich für ihren Anruf entschuldigt. Ich habe mich zu entschuldigen, hatte ich gesagt, daß ich bei all dem Schrecklichen, was der Familie widerfahren sei, mich auch noch aufdränge. Nein, nein, hatte sie gesagt, es tut gut zu wissen, daß meine Tochter Freunde hatte und die Freunde sich kümmern. Und außerdem – ich hatte an der Pause geahnt, wie sie schluckte, um nicht zu weinen –, außerdem habe sie vor einer halben Stunde die Wohnung ihrer Tochter zum ersten Mal nach deren Tod betreten und sei froh, jemanden anrufen zu können, eine Stimme zu hören. Deshalb habe sie sich gleich gemeldet, als sie den Anrufbeantworter abgehört hatte. Ich sei der einzige gewesen, der eine Nachricht hinterlassen habe. Vermutlich hat die Polizei den Anrufbeantworter bereits abgehört, hatte ich gesagt, offenbar in der Absicht, sie darüber zu trösten, daß nicht mehr Leute bei ihrer Tochter angerufen hatten. Dabei hätte die Polizei etwaige Nachrichten gewiß nicht gelöscht. Die Hilflosigkeit, die sie mir, einer fremden Stimme, nach zwei Minuten offenbarte, hatte mich verlegen gemacht. Im nachhinein konnte ich es mit ihrer Situation erklären, der Überforderung, sich in der Wohnung der toten Tochter einen ersten Überblick darüber zu verschaffen, was aufgeräumt, beiseite gelegt oder weggeworfen werden mußte. Mit Korinnas Gefaßtheit umzugehen war doch leichter gewesen. Dabei hatte ich mir gestern abend noch fast gewünscht, Korinna hätte geweint oder wäre auf andere Weise aufgelöst gewesen, damit ich etwas für sie hätte tun können, sie in den Arm nehmen oder sie wieder aufbauen. Immerhin war mir eingefallen, Frau Anfang zu fragen, ob ich helfen könne. Erst sagte sie nein, sie komme schon zurecht, aber meine Frage, ob ich vorbeikommen solle, bejahte sie, ohne zu zögern. Ja, ich solle vorbeikommen, wenn es mir wirklich nichts ausmache, hatte sie gesagt, sie halte es in der Wohnung ihrer Tochter allein nicht so gut aus. Danach hatte sie sich wieder entschuldigt. Ich bin in einer halben Stunde bei Ihnen, hatte ich gesagt. Mehr hatten wir am Telefon nicht besprochen. Die Adresse mußte ich nochmals im Telefonbuch nachschlagen. Ich hatte mich nicht getraut, Frau Anfang zu fragen. Sie sollte nicht denken, daß ich nicht mit ihrer Tochter befreundet gewesen war. Da Stefanie nicht an Brot gedacht hatte, aß ich zum Espresso ein Müsli mit H-Milch. Im Café zu frühstücken, hatte ich keine Zeit. Ich wollte Frau Anfang nicht allein lassen. Vielleicht war das der Sinn meiner Rückkehr, dachte ich: Konnte ich weder etwas für Korinna noch für Maike Anfang tun, dann für die Mutter. Stefanie hatte ich einen Zettel geschrieben, daß ich wahrscheinlich gegen Mittag zurück und bis dahin telefonisch womöglich nicht zu erreichen sei. Bei aller Kultiviertheit, die ich mir zurechne, gehöre ich zu den Leuten, die ihr Handy nur ausschalten, wenn es sich unter keinen Umständen vermeiden läßt. In Maike Anfangs Wohnung würde es sich nicht vermeiden lassen, nicht einmal, wenn ich den Klingelton abstellte. Wenn ich mich tagsüber nicht melde, macht sich meine Sekretärin Sorgen. Immerhin schreie ich niemals, wenn ich telefoniere, hatte ich überlegt, als ich die Wohnung verließ. Es ist ja nicht nur, daß diese Schwachköpfe auf den Bahnfahrten ins Handy brüllen, damit es noch der Lokführer versteht. Es ist völlig sinnlos. Am anderen Ende der Verbindung wären sie genauso gut zu verstehen, wenn sie mit normaler Stimme sprächen. Schließlich telefoniere ich auch im Zug, ohne den Mitreisenden mein Gespräch aufzuzwingen. An mein Telefonat mit Korinna hatte ich nicht gedacht, als ich aufs Fahrrad stieg, sondern daß die Welt voller Arschlöcher sei, diese Proleten im Zug und die Araber, die sich in die Luft jagen, und die fetten Weißen, die uns deswegen alle für Araber halten. Ob es schon Hinweise gab, wer die Täter überhaupt waren – ich hoffte auf nordirische Extremisten –, war den Titelseiten von Bild und Express nicht zu entnehmen, die ich im Vorbeifahren las. Hängen geblieben war mir die Schlagzeile *Ich überlebte Dieter Bohlen.* Ob ich mich für Frau Anfang nicht hätte rasieren sollen, hatte ich mich gefragt: Meinen Namen hatte ich auf dem Anrufbeantworter hinterlassen, aber wenn sie mich mit fünftägigem Bart, den langen Haaren und dem schwarzen Anzug sehen würde, wer weiß, vielleicht würde sie das irritieren. Ich merke, daß die Leute irritiert sind, wenn sie einen unrasierten Araber sehen, obwohl ich keiner bin. Das Hemd würde ich besser zuknöpfen bis unter den Kragen, hatte ich mir vorgenommen, als ich die Innere Kanalstraße überquerte. Ich trage die Hemden normalerweise mit drei offenen Knöpfen; dunkle Anzüge und weiße, weit geöffnete Hemden, so sehe ich aus, im Winter ein Mantel. Den Frauen um die Vierzig, mit denen ich in den Verwaltungen, Ämtern und Ministerien zu tun habe, gefällt das. Die Älteren unter ihnen sagen mir das oft. Leider gefallen sie mir in der Regel nicht. Man merkt ihnen an, daß sie den ganzen Tag nur sitzen. Mit Korinna ist es anders, hatte ich gedacht, nicht nur wegen ihres Körpers. Sie hatte etwas. Sie war ganz anders als ich, aber auf der Suche und genauso eigen, wie ich es für mich selbst beanspruche. Mit Maike Anfang wäre es auch anders gewesen, nicht obwohl, sondern gerade weil sie so verkopft gewirkt hatte. Nach dem Whisky war außerdem etwas Weiches und Körperliches bei ihr hervorgetreten, eine übergroße, eingestandene Sehnsucht. Ohne es zum Thema zu machen, schien sie zu wissen, daß sie am falschen Ort gelandet war. Das hatte mich für sie eingenommen. Ich empfinde das genauso. Korinna kämpft noch dagegen an. Anders als Maike Anfang habe ich allerdings die Konsequenz gezogen und bin geflohen, nicht nur nach Cadaqués, meine ich, sondern aus dem Leben überhaupt, dem realen Leben, dem, das zählt. Schließlich bilde ich mir nicht ein, daß die barhäuptigen Maler hinter den offenen Fenstern auch nur ein einziges Bild hervorbringen, das Bestand hat außerhalb unseres Disneyworld. Picasso war einmal. Heutzutage ist das einzig Wirkliche an Cadaqués das Meer. Ich hatte an einem Nachkriegsbau geklingelt und war die Treppen hoch bis zur dritten Etage gestiegen. Frau Anfang schätzte ich auf Mitte sechzig. Am Telefon hatte sie jünger geklungen. Sie wisse nicht, was in sie gefahren sei, daß sie mich in die Wohnung ihrer Tochter gerufen habe. Sie habe mich nicht gerufen, sagte ich. Ich selbst hätte angeboten, mich aufs Fahrrad zu setzen und die paar Meter nach Ehrenfeld zu radeln. Das sei kein Aufwand gewesen für mich. Außerdem sei ich froh, sie kennenlernen zu dürfen und ein letztes Mal die Wohnung ihrer Tochter zu sehen. Wieso sagte ich *letztes Mal?* Ich verwarf die Überlegung, mich zu korrigieren. Wahrscheinlich war ihr die Formulierung nicht aufgefallen. Sie mußte ohnehin denken, daß ich ein guter Freund ihrer Tochter gewesen war. Solange sie mich nicht danach fragte, hielt ich es für überflüssig, sie eines Besseren zu belehren. Sind Sie allein? fragte ich, dabei wußte ich, daß sie es war. Frau Anfang verstand meine Frage anders und antwortete, daß ihr Mann vor drei Jahren gestorben sei. Ach so, sagte ich und verbarg nicht mein Erstaunen. Korinna hatte doch von *den Eltern* gesprochen. Sie hatte nicht erwähnt, daß der Vater längst gestorben war. Sie hatte gesagt, daß *die Eltern* sich um die Beerdigung kümmerten, nicht die Mutter. Korinna mußte das von dem Freund übernommen haben. Ob nicht einmal der Freund von dem Tod des Vaters wußte? Wenn Maike Anfang ihm nichts davon gesagt hatte, hätte er es kaum in Erfahrung bringen können. Daß ich nichts davon gewußt hatte, schien die Mutter nicht zu irritieren. Sie hatte allen Grund, mit den Gedanken woanders zu sein, dachte ich. Ob sie noch andere Kinder hatte, fragte ich Frau Anfang besser nicht. Ich hätte es von ihrer Tochter wissen müssen. Wir standen immer noch in der Tür. Ihr Gesicht zeigte keine Spur von Tränen. Bestimmt hatte sie sich frisch gemacht, bevor ich klingelte. Anzusehen war ihr der Schock. Ich meinte, die Erschütterung in den weit geöffneten Augen zu sehen. Außerdem war sie derart bleich, daß es nicht ihre gewöhnliche Hautfarbe sein konnte. Die kurzen Haare hatte sie dunkelblond gefärbt. An der Stirn waren sie schon wieder grau geworden. Besondere Ähnlichkeiten mit ihrer Tochter bemerkte ich nicht. Das Gesicht war längst nicht so breit. Der Mund könnte der gleiche sein, dachte ich. Ich hatte Maike Anfangs Mund doch nicht so genau vor Augen, wie ich mir eingebildet hatte. Anscheinend war Frau Anfang unsicher, wo sie mich hinführen sollte. Ich fragte, ob wir einen Kaffee trinken könnten. Ich hatte kein Bedürfnis nach einem weiteren Kaffee. Ich wollte Frau Anfang einfach dabei helfen, den Augenblick vor der Tür aufzulösen und etwas zu tun. Wir könnten wahrscheinlich beide einen Kaffee gebrauchen, sagte ich so, daß es gefaßt klingen mochte und stark. Obwohl es unhöflich war, erschien es mir erforderlich, die Initiative zu übernehmen. Ja, lassen Sie uns einen Kaffee trinken, antwortete Frau Anfang und bat mich, sie in die Küche zu begleiten. Mit den rissigen, von Arbeit zeugenden Händen sah sie nicht aus, als trüge sie das bordeauxrote Kostüm im Alltag. Wahrscheinlich hatte sie noch andere Termine, daß sie sich so schick gemacht hatte. Die Leiche wird heute freigegeben, erinnerte ich mich. Hieß das, daß Frau Anfang die Leiche abholen würde, allein oder zusammen mit einem Bestatter? Allein wohl kaum, denn die Leiche brauchte einen Wagen. Und wo würde die Leiche vom Gerichtsmedizinischen Institut aus hingefahren? Ich vermutete, daß sei beim Bestatter gelagert würde, aufgebahrt, wie ich mich selbst korrigierte, wobei das Wort aufgebahrt doch eher auf die Wohnung oder eine Kirche deuten würde, einen Ort, an dem man Abschied nimmt. Schwarz trug ihre Mutter nicht. Sie konnte unmöglich ohne Begleitung zum Gerichtsmedizinischen Institut fahren oder wo immer ihre Tochter abgeholt werden mußte. Was war mit dem Freund? Ich ging durch, was ich für den Tag geplant hatte, und stellte fest, daß es mir keine Umstände bereiten würde, sie zu begleiten. Ich hätte Frau Anfang allerdings auch begleitet, wenn es mir Umstände bereitet hätte – sofern sie das überhaupt wünschte, setzte ich in Gedanken hinzu. Sie bekräftigte, ein Kaffee würde ihr sicher guttun. Sie sagte nicht, daß mir der Kaffee guttun würde, sondern hatte sich damit abgefunden, die Unterstützung anzunehmen, die ich ihr bot. Darüber war ich erleichtert. Außer Bad und Küche schien die Wohnung nur ein Zimmer zu haben: Laminatboden, Schränke und Tisch aus unlackiertem Holz. Habitat, tippte ich und fand die Einrichtung annehmbar. Darf ich mich kurz umschauen? Natürlich, sagte Frau Anfang, schauen Sie sich ruhig um. Geheimnisse habe ihre Tochter ja nun nicht mehr. Als ich den schmalen Flur erreichte, brach sie in Tränen aus. Verdammte Hacke, dachte ich, was mache ich jetzt? Durch den Türrahmen sah ich sie an der Spüle. Ich ging zurück in die Küche und berührte sie mit der rechten Hand an der Schulter. Sie hatte sich nach vorn gebeugt und das Gesicht in den Händen begraben. Sie sollte nur wissen, daß ich da war. Es tut mir wirklich leid, Frau Anfang, sagte ich. Sie entschuldigte sich, ohne mit dem Schluchzen aufzuhören. An der Hand spürte ich die Schübe, in denen sie atmete. Weinen Sie ruhig, Frau Anfang, sagte ich, weinen Sie, mir ist auch nicht anders zumute. Wieso hatte ich das schon wieder gesagt? Zu weinen war mir überhaupt noch nicht in den Sinn gekommen. Vielleicht war ich deshalb eigens nach Köln gereist: weil ich Maike Anfang nicht nahe genug gestanden hatte, um zu weinen. Ich wußte es nicht. Ich hatte nur meine Hand auf der linken Schulter dieser älteren, mir vor einer halben Stunde noch unbekannten Frau liegen und fühlte mich wie ein Schauspieler im falschen Stück, während ich es gleichzeitig richtig fand, daß jemand bei ihr war, in der Küche ihrer toten Tochter. Ich verstehe Sie, Frau Anfang, fuhr ich fort, nur um mit irgend etwas fortzufahren, dabei war die Bemerkung genauso schwachsinnig wie die vorangegangene, hatte ich doch gerade nicht den Eindruck, nachvollziehen zu können, was die Angehörigen und besten Freunde von jemandem empfinden, der gestorben ist. Meine Eltern sind bei guter Gesundheit. Ein paar Verwandte sind in Iran gestorben. Das war für mich eine Nachricht meiner Eltern, ein unangenehmer Anruf in Teheran, um in meinem schlechten Persisch Beileid zu bekunden, ein kurzes Gefühl, als ob ich im Bauch ein Loch hätte, mehr nicht. Das war etwas anderes als die Vorstellung hier. Weil ich keine Taschentücher dabeihatte, schaute ich mich nach Kleenex um. Aus dem Bad Klopapier zu holen, traute ich mich nicht. Ich konnte Frau Anfang doch nicht allein lassen, nicht in diesem Zustand. Indem sie wie ein Automat Entschuldigungen wiederholte, fand sie allmählich Halt. Setzen Sie sich, Frau Anfang, ich koch den Kaffee, ich mach das schon, setzen Sie sich bitte. Daß sie mich überhaupt zu hören schien, fand ich nicht normal. Ja, ja, ich setze mich besser, sagte sie, Verzeihung. Ich führte sie die zwei Schritte zum Tisch. Als sie saß, holte ich ohne weitere Nachfrage eine Rolle Klopapier, riß ein paar Blätter ab und drückte sie ihr in die Hand. Sie bedankte sich und mußte sich so oft schneuzen, daß ich ihr noch mehr Papier reichte. Beim dritten Mal wischte sie sich die Tränen aus dem Gesicht. Dann kümmerte ich mich um den Kaffee. Etwas tun zu können machte es für mich leichter. Ich mußte auch nicht mehr reden. Die Kaffeedose stand neben der Kaffeemaschine. Im Kühlschrank fand ich zwei Tetrapacks Öko-Milch, fettarm, haltbar bis heute, 12. Juli 2005. Ich merkte, wie mir flau wurde, ein reales körperliches Empfinden im Magen, nicht nur dieses Gefühl von Leere. Kurzzeitig hielt ich mich sogar am Griff der Kühlschranktür fest. Ich war unsicher, ob es in Ordnung war, einen der Milchkartons auf den Tisch zu stellen. Wenn mir schon unwohl dabei war – würde Frau Anfang von der Milch nehmen, die ihre Tochter sich gekauft hatte? Sie selbst hatte sich einen Kaffee gewünscht. Der Kaffee und die Kaffeemaschine waren doch auch von ihrer Tochter, die Tasse, der Löffel, der Tisch, alles. Aber sie waren nicht haltbar bis zum 12. Juli. Das Datum war das Problem, erkannte ich. Man konnte nicht schnurstracks zum Kaffee übergehen, wenn man das Datum las. Nicht einmal ich konnte das in dem Augenblick. Das Datum riß einen zurück, so oft man darauf blickte. Wohin zurück? Ich schloß die Kühlschranktür, ohne Frau Anfang zu fragen, ob sie Milch nehme, und stellte mich seitlich vor die Kaffeemaschine, so daß ich sie im Blick hatte. Am liebsten hätte ich mich nur dem Kaffee gewidmet, aber ich riß mich zusammen. Die ersten Geräusche der Maschine taten gut. Frau Anfang entschuldigte sich schon wieder. Sie müsse sich nicht entschuldigen, wiederholte ich. Es sei doch klar, daß das alles zuviel sei für sie. So etwas Ähnliches hatte ich auch Korinna gesagt, ich glaubte, sogar in derselben Formulierung: *Das ist doch klar.* Wenigstens hatte sie sich wieder gefangen. Ich stellte zwei große Tassen auf den Tisch, schenkte ein, stellte die Kanne zurück auf die Platte und setzte mich auf den anderen der beiden Stühle. Frau Anfang fragte, ob ich nicht Milch nähme zum Kaffee. Nein danke, antwortete ich, und Sie? Sie trank den Kaffee ebenfalls schwarz. Natürlich fragte ich mich sofort, ob sie niemals Milch nehme zum Kaffee oder nur nicht die Milch, die im Kühlschrank stand. Ich selbst trinke Filterkaffee gewöhnlich mit Milch, lieber natürlich Cappuccino. Sie sind so nett zu mir, sagte Frau Anfang. Bestimmt sei ich ein guter Freund ihrer Tochter gewesen. Das Lob von Frau Anfang freute mich. Ich fragte, ob sie niemanden habe, der sie unterstütze bei – obwohl ich zögerte, fiel mir keine weniger verfängliche Formulierung ein –, *bei all dem.* Doch, doch, antwortete sie, ihr Bruder. Und was ist mit dem Freund von Maike? So unsinnig mir die Scheu selbst vorkam, traute ich mich nicht, nach seinem Namen zu fragen. Ob sie den Freund schon länger kenne. Nein, antwortete Frau Anfang. Sie habe bis zu dem Anruf am Samstag abend nicht gewußt, daß ihre Tochter wieder einen Freund hatte. Sie sagte es in der Vergangenheit. Gesehen habe sie ihn noch nicht. Der Freund scheint selbst große Schwierigkeiten zu haben, damit klarzukommen, sagte ich. Kennen Sie ihn? fragte Frau Anfang. Nein, noch nicht, antwortete ich. Ich würde ihn auch gern kennenlernen, sagte sie. Sind Sie denn nicht mit ihm in Kontakt? Nein, er habe sich noch nicht gemeldet. Aber Sie haben doch schon mit ihm gesprochen. Nein, noch nicht. Aber er hat Sie doch angerufen, das haben Sie doch eben selbst gesagt. Nein, angerufen worden sei sie von der Polizei. Und der Freund hat sich nicht gemeldet? Nein, und sie habe nicht seine Nummer und nicht einmal seinen Namen genau verstanden. Was ist das denn für ein Wichser, dachte ich und bemerkte, daß auch Korinna ihn nie beim Namen genannt hatte. Was sie denn nach dem Anruf der Polizei getan habe, fragte ich Frau Anfang: Waren Sie nicht ganz allein? Ja. Das ist ja schrecklich, rief ich. Ich hätte wetten können, daß die Polizei in solchen Fällen eine Streife schickt, die die Angehörigen behutsam in Kenntnis setzt. Und dann? Was haben Sie dann getan? Sie habe ihren Bruder angerufen und später bei den Nachbarn geklingelt, einer guten Freundin und ihrem Mann. Sie hätte dort auch die Nacht verbracht. Allein habe sie es nicht so gut ausgehalten. Der zweite Mensch, überlegte ich, der wegen Maike Anfangs Tod die Nacht auf Sonntag nicht zu Hause verbracht hatte, immerhin. Die Nachbarn seien sehr nett zu ihr gewesen, so wie ich. Sonntag abend habe sie dann wieder bei sich geschlafen. Um zehn habe die Nachbarin bei ihr geklingelt, um zu sehen, ob alles in Ordnung war. Sie hätten noch ein Bier zusammen getrunken, das mache sie sonst ganz selten. Wenn ich mich nicht täuschte, sah ich in ihrem Gesicht die Andeutung eines verschmitzten Lächelns, eine Sekunde nur. Wenn es Abend gewesen wäre, hätte ich zwei Kölsch aus dem Kühlschrank oder meinetwegen vom Kiosk geholt und mit ihr angestoßen, ohne Gläser, aus der Flasche. Das hätte ihr gutgetan, besser als der schwarze Kaffee und jede Beileidsbekundung. Dann hätte sie nichts von der Trauer eingebüßt, die ihren Rang hatte, aber das Lächeln nicht bloß angedeutet. Ist es nicht merkwürdig, daß der Freund nicht bei Ihnen angerufen hat? fragte ich, aber Frau Anfang ging darauf nicht ein. Beim Tod ihres Mannes sei manches einfacher gewesen, sagte sie, da habe sich nicht alles aufgelöst. Eine gesamte Existenz, ergänzte ich in Gedanken, mit Auto, Wohnung, Kühl- und Kleiderschrank. Geschwister gab es nicht, nur einen Exmann, der ihrer Tochter so fern stand, daß sie ihn bislang noch nicht einmal benachrichtigt hatte. Um ihn zur Beerdigung einzuladen, mußte sie seine Adresse ermitteln. In der Wohnung hoffte sie, ein Adreßbuch zu finden. Das letzte Mal war sie vor über einem Jahr in Köln gewesen. Ihre Tochter hatte sie regelmäßig in Bergneustadt besucht. Ohne Auto war es umständlich, nach Köln zu fahren. Die S-Bahn fuhr in Gummersbach ab. Sie mußte zwei verschiedene Busse nehmen, um den Bahnhof zu erreichen. Daß sie sich auch noch um das Auto ihrer Tochter kümmern mußte, fiel ihr erst in unserem Gespräch ein. Selbstverständlich bot ich ihr meine Unterstützung für alle Angelegenheiten der nächsten Tage an. Sie bedankte sich wieder und sagte, daß sie mir schon genug zur Last gefallen sei. Am Nachmittag treffe ihr Bruder mit seiner Frau aus Kassel ein, der eine bessere Hand für das Bürokratische hätte als sie. Sie selbst hatte bereits einen Bestatter beauftragt. Sie hoffte, ihre Tochter schon am Freitag oder Samstag begraben zu können, wahrscheinlicher wäre allerdings ein Termin am Montag. Vielleicht könne ich ihr doch helfen, sagte Frau Anfang, und zwar bei der Zusammenstellung der Adressen für die Trauerfeier. Von dem Freund erwartete sie offensichtlich keine Unterstützung. Ich versprach, mich um die Adressen zu kümmern, und sagte, daß ich mich darüber auch mit Korinna verständigen würde. Sie wußte, wer Korinna war, hatte aber bislang noch nicht mit ihr gesprochen. Sie fragte, woher ich ihre Tochter kannte. Von der Arbeit, sagte ich, und wir hätten zur selben Zeit studiert. Vergeblich suchte ich nach einem Wort, unverfänglich nach der Leiche zu fragen, wo sie lag und was es mit der Freigabe auf sich hatte. Ich brachte es nicht einmal über die Lippen, die Umstände des Todes anzusprechen und ob jetzt alles geklärt, der Verdacht eines Verbrechens ausgeräumt sei. Statt dessen kündigte ich an, mich an den Freund zu wenden, um die fehlenden Adressen zu besorgen. Maike Anfang sollte einen würdigen Abschied haben, sagte ich. Meinen Beruf erwähnte ich nicht.

5

Zwei Sekunden, nachdem ich das Handy eingeschaltet hatte, meldete sich die Mailbox. Unschlüssig, ob ich sie abhören sollte, klickte ich auf lautlos. Zum Glück hörte das Gerät auch auf zu vibrieren. Wenn es vibriert, macht es ein Geräusch. Ich weiß das, weil ich den Klingelton oft abschalte, wenn ich in Sitzungen oder im Kino erreichbar bleiben möchte. Es brummt so laut, daß ich das Handy in der geschlossenen Hand oder in der Hosentasche versteckt halten muß, um nicht aufzufallen. In der Hosentasche verpasse ich den Anruf oft, also halte ich das Gerät lieber in der Hand. Diesmal hätte ich nicht einmal Zeit gehabt, es in die Hose zu stecken, so rasch klingelte es. Frau Anfang schaute mich an, ohne daß ihr Gesicht einen Gedanken andeutete. Sie schaute mich an, wie sie gerade noch aus dem Fenster des Taxis geschaut haben mußte. In ihren Augen war Trauer, selbstverständlich, Schmerz, Entsetzen oder welche Vokabel auch immer ihren Zustand traf, nur mit meinem Handy hatte das nichts zu tun. Sie schaute mich an, weil es geklingelt hatte, mehr nicht. Auf die Taste, die den Klingelton mitsamt Vibration abstellt, drückte ich, ohne hinzusehen. Ich beherrsche das blind. Für mich ist das Handy kein Fetisch, sondern eine Notwendigkeit, die mein Beruf bedingt. Im Rahmen meiner Möglichkeiten bemühe ich mich, Rücksicht zu nehmen. Als ich im TGV mit Korinna telefonierte, konnte ich, wie gesagt, keine Rücksicht nehmen, schließlich ging es um einen Todesfall. Das hätte jeder Mitreisende verstanden. Hier war es anders. Hier saß die Mutter der Toten neben mir, und obwohl sie selbst sich schämte, mich von meinen Verpflichtungen abzuhalten, ihren Dank inzwischen rund zwei Dutzend Mal beteuert hatte und mir wegen eines Telefonats überhaupt nicht böse gewesen wäre, spürte ich, daß es nicht in Ordnung war, ans Telefon zu gehen. Dabei war es nur die Mailbox. Ich hätte gar nicht sprechen müssen, nur die Nachricht abhören. Etwas Dringendes konnte es nicht sein, wahrscheinlich Stefanie, die sich erkundigte, warum ich zurückgekehrt war und wo ich steckte. Es lag nichts an, außer Korinna vielleicht; das wäre das einzige gewesen, daß Korinna einen Zusammenbruch gehabt und mich dringend gebraucht hätte, aber nein, das war so gut wie ausgeschlossen, Korinna hat keine Zusammenbrüche, jedenfalls nicht im Büro. Ich klickte den Anruf weg. Jetzt mußte ich noch das Handy ausschalten, sonst würde sich die Mailbox in zwei, drei Minuten erneut melden. Frau Anfang schaute wieder aus dem geschlossenen Fenster. Mit der Wohnungsauflösung war sie noch keinen Zentimeter vorangekommen. Als wir den Kaffee getrunken hatten, war schon erkennbar gewesen, daß sie es für heute nicht mehr in der Wohnung aushielte, ob allein oder nicht. Sie wollte zu ihrer Tochter, hatte sie selbst gesagt. Ich hatte vom Handy aus das Taxi gerufen und mit Frau Anfang die Wohnung verlassen, ohne mich auch nur umgeschaut zu haben. Mein Fahrrad hatte ich nicht vergessen, jedoch nicht erwähnt, natürlich nicht. Ich würde es später abholen. Mir war auch nicht wohl gewesen in der Wohnung. Ich hatte mich wie ein Eindringling gefühlt, wie in einer Intimität, die ich nicht verdiente. Außerdem hatte ich mir eingebildet, das Erbrochene zu riechen, obwohl das Laminat sicher längst gereinigt worden war. Von wem? Übernehmen das die Sanitäter, der Bestatter, oder war Frau Anfang deshalb so verstört gewesen, weil sie die Kotze ihrer toten Tochter aufgewischt hatte? In einem fort hatte ich mir vorgestellt, was in der Nacht zum vorangegangenen Samstag geschehen war, das Sterben und wo Maike Anfang lag, als man sie fand. Der Freund hatte die Wohnung nicht mehr betreten dürfen, hatte Korinna gesagt. Dennoch würde er es wissen. Die Polizisten hatten es ihm bestimmt gesagt. Daß sie es Frau Anfang gesagt hatten, hielt ich für unwahrscheinlich. Falls sie ihr die Kotze dagelassen hatten, würde sie ebenfalls wissen, wo ihre Tochter gestorben war. Das rote Kleid mußte ihr zu warm sein. Zwar mit kurzen Ärmeln, war es aus einem Stoff, den man im Herbst trägt oder sogar im Winter, mit einem Jackett darüber und Strumpfhose. Ich fragte mich, ob Frauen im Winter überhaupt knielange Röcke tragen. So dick können Strumpfhosen doch gar nicht sein, daß im Winter nicht friert, wer keine Hose oder keinen langen Rock darüber trägt. Aber wozu dann der dicke Stoff des Kleides, wenn nicht gegen die Kälte? In dem Minirock, den sie in Cadaqués getragen hatte, sah Korinna phantastisch aus, und schon gar im Bikini. Ja, ich würde schon gern mit ihr schlafen, später einmal, dachte ich, nicht diese Woche; wenn ich das nächste Mal in Köln bin vielleicht und sie will. Letzteres hielt ich nicht für ausgemacht. Vielleicht hätte Korinna Lust, mich noch einmal in Cadaqués zu besuchen. Eine unaufschiebbare Besprechung ließe sich nach Maike Anfangs Tod als Begründung sicher finden. Ansonsten käme sie privat; es wäre nicht teuer, mit Germanwings nach Barcelona, oder sie nähme ihre Meilen, was allerdings den Nachteil hätte, daß sie umsteigen müßte, denn seit es die Billigflieger gibt, hat Lufthansa neben vielen anderen auch die Strecke von Köln nach Barcelona gestrichen. Ich hätte ihr sagen sollen, daß das Picasso-Museum in Barcelona definitiv sehenswert ist. Vielleicht hatte sie es auf dem Rückweg ohnehin besucht oder kannte es bereits. Wir hatten in Cadaqués kein einziges Mal über Picasso gesprochen, auch nicht über Dalí, dessen Museum in Figueras noch näher lag. Das nächste Mal, wenn sie privat käme, könnte ich es Korinna zeigen. Bestimmt hielt sie Picasso für den größten Künstler des zwanzigsten Jahrhunderts. Im Vergleich war Dalí nur ein zusätzlicher Anreiz. Dalí war nicht ihr Niveau, früher vielleicht, in der Oberstufe, aber nicht für die Frau, die den Geschäftsbereich Kommunikation und Öffentlichkeit der Ford AG Deutschland leitet. Sie könnte bei mir wohnen. Andererseits wäre es hell wie Glas, worauf es dann hinausliefe. Die Entscheidung, miteinander zu schlafen, wäre gefällt, bevor sie mich besuchte. Das wäre auch schade. Offen ist es besser. Ich hatte das Gefühl, Frau Anfang anfassen zu müssen, nur damit sie nicht vergaß, daß ich da war, bei ihr. Ihre Knie waren auffallend rot, mit weißen Furchen, beinah wie aufgeschürft. Gern hätte ich sie jetzt berührt, wie sie aus dem Fenster schaute. Immerhin bat ich den Fahrer, die Fenster hinten etwas zu öffnen. Frau Anfang bedankte sich dafür. Es ist warm, sagte sie. In Bergneustadt sei es immer zwei, drei Grad kühler. Ja, im Sommer kann das Klima in Köln eine ganz schöne Tortur sein, bemerkte ich, vor allem für ältere Menschen. Wie in einem Kessel fühle man sich dann. Ich hoffte, daß Frau Anfang den Hinweis auf ältere Menschen nicht auf sich bezog. Ob sie mit jemandem im Gerichtsmedizinischen Institut gesprochen habe, fragte ich, um mich nicht weiter über den

Fauxpas zu ärgern. Nein, jemand von der Kripo habe sie gestern nachmittag angerufen und mitgeteilt, daß die Leiche jetzt freigegeben sei. Korinna hatte das gleiche Wort benutzt. Ob ich wüßte, wie sich der Beamte nennt, der sich um die Leichen kümmert. Ihr panischer Blick ließ erkennen, daß gleich wieder etwas passieren würde, wie vorhin in der Küche. Die Angst hatte ich, nicht sie. Ich hätte es ihr am liebsten gesagt: Sie brauchen keine Angst zu haben. Ich hätte ihr unter die Nase gerieben: Sie wissen schließlich, was jetzt kommt. Ich: Ich muß Angst haben. Für Sie muß es befreiend sein, so wie wenn man gleich endlich loslassen darf, *freigegeben.* Leichensachbearbeiter, sagte Frau Anfang. Da habe sie jemand gestern von der Kripo angerufen und gesagt, daß er... weiter kam sie nicht. Ich reichte ihr das Klopapier, das ich gefaltet in die Hose gesteckt hatte, und legte meine rechte Hand auf ihre linke Schulter. Wie bitte? fragte ich. Leichensachbearbeiter, brach es noch einmal aus Frau Anfang hervor, leiser diesmal, tränenerstickt, wie man so sagt. Das kann doch nicht wahr sein, daß ein Beamter sich einer trauernden Mutter als Leichensachbearbeiter vorstellt, dachte ich, das gibt es doch gar nicht, das ist ein Scherz. Vielleicht hatte Frau Anfang sich verhört, sonst wäre es absolut ungehörig, ein Skandal, dem man nachgehen sollte – als sei der Tod nicht schlimm genug. Im Rückspiegel sah ich die besorgten Augen des Fahrers, der uns beobachtete, ein Ausländer, allem Anschein nach Iraner. Wenn er einer war, würde er auch mich als Iraner identifizieren. Die Deutschen halten mich für einen Araber oder Italiener, aber die Iraner erkennen sich auf zehn Meter. In Köln sind viele, wenn nicht die meisten Taxifahrer Iraner, fast alles studierte Leute. Meistens spreche ich sie auf persisch an, das freut sie, obschon sie über meinen deutschen Akzent lächeln. Wir fuhren schon auf der Inneren Kanalstraße, als Frau Anfang sich wieder fing. Es sei eindeutig ein natürlicher Tod gewesen, habe der Beamte gesagt. Tatsächlich ein Gehirnschlag? fragte ich. Ja, Gehirnschlag, einfach so. Aber es muß einen Grund geben, dachte ich. Man kann nicht einfach so sterben, das ist Quatsch. Irgend etwas müssen sie herausgefunden haben, eine Krankheit wenigstens. Ihre Tochter habe in letzter Zeit öfter über Kopfschmerzen geklagt, sagte Frau Anfang. Als der Polizist sie am Samstag benachrichtigt habe, habe sie gleich geahnt, daß es etwas mit dem Kopf gewesen sein mußte, mit den Kopfschmerzen. Die Obduktion sei eine Routinemaßnahme gewesen. Der Notarzt habe auf Nummer Sicher gehen wollen. Sie habe sich ohnehin nicht vorstellen können, daß Maike ermordet worden sei. Sie hatte vielleicht nicht viele Freunde, das wisse sie nicht so genau – Maike habe viel zuwenig von ihrem Leben erzählt, dabei seien sie so eng gewesen, vor allem seit dem Tod ihres Mannes. Aber Feinde habe sie nicht gehabt, bestimmt nicht, nicht Maike. Ich stimmte ihr zu. Allerdings kam mir der Einwand, daß man nicht unbedingt Feinde haben mußte, um ermordet zu werden. Es hätte ein ganz normales Verbrechen gewesen sein können, ein Einbruch, ein Raub, eine Vergewaltigung, meinetwegen von einem Bekannten, dem sie nachts noch die Türe geöffnet hatte. Der mußte sie nicht als Feind betrachtet haben. Vielleicht war es im Affekt geschehen; dem Mörder war die Sicherung durchgebrannt, weil Maike Anfang sich wehrte oder er fürchtete, sie würde gegen ihn aussagen. Aber dann hätte es Spuren gegeben, dachte ich, Spuren, die auf Anhieb aufgefallen wären, nicht erst bei der Obduktion. Wenn es ein Mord gewesen war, dann gut vorbereitet, kühl kalkuliert und knallhart durchgezogen, damit Maike Anfang nicht mehr aussagen konnte. So etwas geschieht. Für einen Profi war es keine Kunst, sein Einwirken zu verschleiern. Vielleicht war es Zufall gewesen, daß es sie getroffen hatte, vielleicht ein Fremder, der unter einem Vorwand seinen Fuß in den Türrahmen gestellt und ihr keine Chance gelassen hatte. Selbstverständlich sagte ich Frau Anfang nichts von meinem Bedenken und den kriminalistischen Phantasien, die es auslöste. Ich sah ein, daß mit der Obduktion die letzten Zweifel ausgeräumt worden waren, aber zugleich schien es mir wichtig festzuhalten, daß es Zweifel gegeben hatte, so gering sie gewesen sein mochten. Ich fand es gut, daß die Leiche obduziert worden war. Man mußte wissen, was geschehen war, und auf Nummer Sicher gehen. Der Beamte von der Kripo hatte Frau Anfang mitgeteilt, daß es von vornherein keinen konkreten Hinweis auf einen unnatürlichen Tod gegeben hatte. Es war nur, daß die Tür nicht von innen abgeschlossen gewesen war. Außerdem habe die Tote eine Platzwunde an der Stirn gehabt. Eine Wunde? Ja, antwortete Frau Anfang, wahrscheinlich vom Sturz, aber der Notarzt habe sich nicht hundertprozentig festlegen wollen. In solchen Fällen sei es eine Ermessensfrage, ob man noch einmal genau hinsehe, alles überprüfe, habe der Beamte gesagt. Aber es sei alles in Ordnung gewesen. Ich bezweifelte, daß der Leichensachbearbeiter das so gesagt hatte: *alles in Ordnung.* Frau Anfang sagte das so. Sind Sie sicher, daß Sie Maike sehen möchten, bevor sie abgeholt wird? fragte ich. Ich muß doch zu meinem Kind, antwortete sie. Das können Sie doch morgen oder übermorgen genausogut, da gibt es bestimmt Möglichkeiten. Nein, ich muß mein Kind sehen. Sie schaute wieder aus dem Fenster. Wohin würde die Leiche überhaupt gebracht? Ich nahm endlich meine Hand von ihrer Schulter. Erst ließ ich die Hand auf den ledernen Rücksitz fallen, dann nahm ich sie in die andere Hand, in der schon das Handy lag. Ein paar Sekunden spielte ich mit dem Gedanken, es wieder einzuschalten. Das Taxi bog rechts in die Aachener Straße, und mir fiel auf, daß der Fahrer einen Umweg fuhr. Über den Gürtel wäre es viel kürzer gewesen – auch das noch, dachte ich, Typ, ich bin hier nicht auf Kaffeefahrt, ich habe einen Beruf. Normalerweise hätte ich mich beschwert, zumal wenn der Fahrer Persisch sprach (*das können Sie mit den Deutschen machen,* ist immer das beste Argument), aber neben Frau Anfang, die ihre Hände wie eine Schülerin mit gespreizten Fingern auf den beiden Oberschenkeln abgelegt hatte, war das genauso unangemessen, wie die Mailbox abzuhören. Aus der Klemmtasche auf der Rückseite des Fahrersitzes lugte der Stadtanzeiger hervor, das Bild einer weinenden, tiefverschleierten Frau in der Mitte der Titelseite, darüber die Zeile *Trauer in Srebrenica.* Es ist klar, daß muslimische Frauen in den Medien ein Kopftuch tragen. Sogar das Kleinkind in ihrem Arm schien ein Kopftuch umgewikkelt zu haben. Ich hatte gar nicht viel mitbekommen vom Bosnienkrieg und wie er entstanden war, aber dann kam die Belagerung von Sarajewo und der Satz eines französischen Generals, daß wenn dort Muslime Christen belagern und abschießen würden, Europa längst eingeschritten wäre, den las ich damals in der taz, glaube ich, und ich dachte, verdammte Hacke, der Mann hat recht, und danach Srebrenica, da habe ich genau hingeschaut. Vorbei war es mit meiner Gewißheit, unter Christen eine Zukunft zu haben. Jedenfalls sollen die Europäer sich nicht so aufspielen, als hätten sie die Toleranz erfunden, dachte ich, da kriege ich die Krätze bei sechs Millionen vergasten Juden und Indianern, Schwarzen, Kolonialismus, gerade jetzt Tschetschenien Schröder Putin und so weiter, und daß sie Saddam unterstützt haben bei ihrem Einmarsch in Iran und es dadurch überhaupt zu dem Elend kam, das weiß jeder, das kann man überall nachlesen, genauso wie das mit den Taliban, die vom CIA ausgebildet worden sind. Das sagen sie sogar im Fernsehen, habe ich gesehen, obwohl ich kaum noch fernsehe, nicht einmal Fußball wie meine Freunde. Ich hasse Fußball, ich finde das lächerlich, wie erwachsene Männer vor 3 Milliarden Menschen einem Ball nachjagen, allein schon die Trikots. Das Eröffnungsprogramm der Weltmeisterschaft hätte ich dennoch origineller gestaltet als André Heller. Peter Gabriel zu engagieren ist sicher nicht schlecht, aber darauf stößt jeder Idiot beim zweiten Gedanken. Wenn ich schon einmal in Köln bin für ein paar Tage, überlegte ich weiter, sollte ich die Gelegenheit nutzen, ein paar Leute wegen des Festivals in Stuttgart zu treffen. Ich sollte etwas zu Bosnien machen, Sarajewo als zerstörte Utopie. Susan Sontag würde ich allerdings nicht kriegen, nicht bei meinem Etat. Ich hatte sie immer bewundert, weil sie damals in Sarajewo ausgeharrt hatte, mit ihrer weißen Strähne, das sah toll aus. War die nicht ohnehin gestorben vor kurzem? Ich meinte, mich an die Nachricht von ihrem Tod erinnern zu können. Frau Anfang schaute mich an. Wie lang schon? Ich mußte sie ein paar Sekunden oder gar Minuten aus den Augen verloren haben. Wir fuhren am Melatenfriedhof vorbei. Ihre Tochter würde hier begraben werden, nahm ich an, hinter der Mauer, unter den Bäumen. Es muß ein schöner Friedhof sein, dachte ich. Ich war noch nie dort gewesen, obwohl ich schon oft gehört hatte, wie schön er war. Genausowenig wie Stadien sind Friedhöfe mein Ort. Mir gefällt es, wie es in Iran ist, einfach ein Stein, mehr nicht. Neuerdings, genau gesagt seit der Revolution oder dem Krieg gegen den Irak, stellen sie Schaukästen mit einem großen Photo des Verstorbenen hinter dem Grab auf. Die Gräber meiner Großeltern sind klassisch, ein Stein auf dem staubigen Boden, eine arabische Inschrift (aus dem Koran, vermute ich), die Namen und Lebensdaten, mehr nicht. Ich fand das dem Ende eines Menschenlebens angemessen, ergreifender als die Eichen und Trauerbuchen hinter der Mauer, die Lüge sind, Romantik, Spielberg. Frau Anfang schaute wieder aus dem Fenster, die Finger auf ihren Oberschenkeln gespreizt. Einen Ring trug sie nicht. Ist das so, wenn der Gatte stirbt – daß man den Ehering ablegt? Mir fiel ein, daß Frau Anfang ihre Tochter mit nach Bergneustadt nehmen würde. Korinna hatte das gesagt. Da hätte sie es so weit, dachte ich und meinte Maike Anfang, nicht die Mutter. Haben Sie schon einen Bestatter? fragte ich und fand es merkwürdig, das Thema nicht bereits in der Wohnung angesprochen zu haben. Immerhin war es wichtig jetzt. Man mußte sich um das Praktische kümmern, die Überführung der Leiche, das Begräbnis, die Anzeigen oder Trauerkarten, wahrscheinlich auch Dinge wie das Waschen der Leiche, die Aufbahrung, einen Priester, falls die Anfangs religiös waren. Ich zweifelte, daß Frau Anfang das schon angegangen war, in ihrem Zustand, dabei sollte es das erste sein, was man bei einem Todesfall tut. Ja, sie habe gestern schon mit einem Bestatter telefoniert, sagte Frau Anfang. Erst jetzt erinnerte ich mich, daß sie mir das schon längst gesagt hatte, eben in der Wohnung ihrer Tochter. Ich ärgerte mich über meine

Unachtsamkeit, von der ich immerhin hoffen konnte, daß Frau Anfang sie in ihrem Zustand gar nicht bemerkt hatte. Das bordeauxrote Kleid war nicht normal, zumal nicht bei einer Frau ihres Alters, die ihre Tochter verloren hatte. Es schien mir kein gutes Zeichen zu sein. Ich schrieb das Kleid dem Schock zu, unter dem sie heute morgen beim Anziehen immer noch gestanden hatte. Womöglich hatte sie nichts Schwarzes zu Hause gehabt und war gestern nicht in der Lage gewesen einzukaufen. Allerdings hätte sie dann nichts Rotes anziehen dürfen. Sie hätte etwas Dunkelblaues oder Graues nehmen können, aber nichts Rotes. Selbstverständlich würde ich sie nicht darauf ansprechen. Sie habe für heute einen Termin vereinbart, sagte sie nach einer Pause, heute um 15 Uhr. Sie werde von dem Institut aus dahin fahren, das ginge problemlos mit der Straßenbahn, sie bräuchte dann wirklich kein Taxi mehr, das Bestattungsinstitut liege gleich hinterm Bahnhof. Ich hätte heute bestimmt noch viel zu tun, sagte sie und entschuldigte sich wieder. Wie sie den Bestatter gefunden habe, fragte ich. Über die Auskunft, antwortete Frau Anfang. Sie habe nach einem Bestattungsinstitut in der Nähe des Bahnhofs gefragt. Ohne Auto sei es so am einfachsten. Sind Sie sicher, daß Sie Maike in Bergneustadt begraben werden? Nein, das habe sie noch nicht entschieden, obwohl sie natürlich darüber nachgedacht habe. An sich wolle sie Maike bei sich haben, bei sich und ihrem Mann. Andererseits verbinde Maike nichts mit Bergneustadt. Ist sie denn nicht in Bergneustadt aufgewachsen? Nein, nein, sie und ihr Mann seien erst vor zehn Jahren dorthin gezogen, wegen der Arbeit ihres Mannes; da habe Maike längst in Köln studiert. Der Fahrer suchte die richtige Hausnummer. Ich begriff nicht, daß jemand in Köln Taxifahrer werden durfte, ohne das Gerichtsmedizinische Institut der Universität zu kennen. Einem deutschen Taxifahrer wäre das nicht passiert. Die Freundlichkeit hatten meine taxifahrenden Landsleute auch nicht erfunden. Die Firma sei umgezogen, erklärte Frau Anfang, und so kurz vor der Rente hätte ihr Mann kaum eine andere Arbeit gefunden. Da hätten sie eben noch einmal von vorn angefangen, froh immerhin, wieder in der Nähe von Maike zu wohnen, dem einzigen Kind. Und wo kommen Sie ursprünglich her? Aus der Nähe von Kassel, antwortete Frau Anfang, wo ihr Bruder wohnte also. Ich konnte es kaum glauben. Seit Korinna am Tag zuvor gesagt hatte, daß die Eltern dort lebten, hatte ich mir Maike Anfangs Jugend in Bergneustadt ausgemalt, das Gymnasium auf einem Berg, das Café in der Innenstadt, in dem sie sich nachmittags mit ihren Freundinnen traf, die einzige Kneipe, die es damals gegeben haben mag und sich wahrscheinlich *Pub* nannte, vor wieviel Jahren?, zwanzig ungefähr. Ich selbst bin in Saarbrücken aufgewachsen, aber ich kannte Kleinstädte wie Bergneustadt. In der Nähe von Saarbrücken gibt es die gleichen Käffer, Freunde haben dort gewohnt, und auch später hatte mich meine Arbeit immer mal in eine dieser kurzen Fußgängerzonen verschlagen, wo die großen Modeketten nicht vertreten sind und eine Parkscheibe genügt zum Parken. So stellte ich mir das vor, konzentriert auf einen Berg, nicht nur hügelig wie Pütlingen oder St. Ingbert, mit mindestens drei orthopädischen Fachgeschäften für die Bevölkerung, die im Westen bekanntlich immer älter wird, ein echtes Problem, wie man weiß, nicht so wie diese paar durchgeknallten arabischen Jugendlichen, die sich in die Luft sprengen. Nicht, daß ich das verharmloste, aber es war einfach eine andere Dimension als der Klimawandel, Hunger oder Aids. So sah ich das, als ich Frau Anfang im Taxi zum Gerichtsmedizinischen Institut der Universität brachte, wo sie unbedingt ihre tote Tochter sehen wollte, bevor sie abgeholt werden würde von dem Bestatter, zu dem ich sie natürlich gleich auch noch bringen würde im Taxi, obwohl ich durchaus viel zu tun gehabt hätte, egal ob in Köln oder in Cadaqués, und obwohl Frau Anfang sich schämte, mir so viel Mühe zu bereiten, dazu die Kosten für das Taxi, das völlig unnötig gewesen wäre. Für die Strecke von Melaten zum Hauptbahnhof konnte sie zwar wirklich die Linie 1 nehmen, mit Umsteigen am Neumarkt, aber egal, der Tag war ohnehin gelaufen. Ich mußte nur Stefanie Bescheid geben, damit sie nicht auf mich wartete. Ist es in Ordnung, wenn ich kurz mal telefoniere? fragte ich Frau Anfang.

6

Stefanie aß in der Küche Salat, als ich in die Wohnung zurückkehrte, die zugleich mein Büro ist. Ob ich Hunger hätte, fragte sie. Wir essen mittags oft gemeinsam, wenn ich keinen Termin habe. Draußen esse ich häufig genug. Sie macht einen Salat oder ich eine Pasta, etwas in der Art. Weil sie als Mensch so angenehm wie zuverlässig ist, halte ich an ihr fest, obwohl ich mich regelmäßig über ihre Fehler aufrege. Sie ist niemand, der man eine Aufgabe überträgt, ohne weiter nachzufragen, weil man sich darauf verlassen könnte, daß sie sich von selbst meldet, sollte etwas nicht wie vorgesehen geschehen. Genauso jemanden bräuchte ich: dem man etwas weiterleitet und es damit als erledigt abbucht. Gerade von Cadaqués aus kann ich nicht auf alles achtgeben. Maike Anfang wäre jemand gewesen, der selbst achtgibt. Gut, wie sie andere Nachteile gehabt hätte, hat Stefanie andere Vorteile. Maike Anfang hätte Stefanie auch gar nicht ersetzen, sondern eher mich ergänzen können. Als Menschen sind sie beide top, das ist das Wichtigste. Als ich Stefanie vom Melatengürtel aus angerufen hatte, hatte ich nicht gewußt, wann ich zurückkommen würde. Dennoch hatte sie so viel Salat gemacht, daß es für uns beide reichte. Das sind die Dinge, die ich an ihr schätze. Sie denkt nicht genügend mit, wenn es um Projekte geht. Aber sie denkt an mich. Ich mag sie, wirklich, und sie mag mich. Sie ist ehrlich. Ab und zu schlafen wir miteinander, das ist normal. Als ich per Annonce in der

Stadtrevue eineN MitarbeiterIN suchte, hatte ich mir fest vorgenommen, kein Verhältnis anzufangen. Daß ich eine Frau suchte, stand fest, doch sollte das Angebot nicht sexistisch klingen. Das Angebot lag finanziell über dem Durchschnitt eines Studentenjobs und war attraktiv für junge Frauen, die später im Kulturbereich arbeiten wollten. Ich hatte mich bewußt nicht für die hübscheste Bewerberin entschieden. Bei der hübschesten Bewerberin wäre es von Anfang nur darum gegangen, sie ins Bett zu kriegen. Später wäre es zu Gefühlen und also Mißverständnissen gekommen, so daß ich die nächste Anzeige hätte schalten müssen. Was die Gefühle betrifft, lag ich mit Stefanie goldrichtig. Ohne darüber nachgedacht zu haben, fanden wir uns unter ihrem Schreibtisch wieder. Ohne zu duschen, setzte sie ihre Arbeit fort. Auch das sind die Dinge, die ich an Stefanie schätze, nicht nur den Salat, sondern überhaupt die Selbstverständlichkeit, mit der sie mit mir umgeht. Ich wartete drei, vier Monate, bevor ich ihr Gehalt erhöhte. Es sollte keinen faden Beigeschmack haben. Anfangs, vor zwei Jahren, schliefen wir oft miteinander, zwei, drei Mal die Woche, wenn ich keine Freundin hatte, sonst natürlich seltener, manchmal einen Monat nicht. Wir waren so viele Stunden täglich zusammen – und wenn die Berührung einmal etabliert ist, greift man schnell an ihre Brüste oder schiebt ihre Hand durch den eigenen Hosenschlitz. Das weitere ergibt sich von selbst. Sie hatte immer Lust, jedenfalls sagte sie nie nein. Wir haben uns auch abends getroffen, aber nicht oft. Sie wohnt mit ihrem Freund zusammen, seit dem Abitur schon, glaube ich, bestimmt acht Jahre. Ihr Studium wird sie wohl nie beenden – wozu auch? Daß sie nicht so ehrgeizig ist wie Maike Anfang, wird sie vor Kummer bewahren. Maike Anfang hatte es mit ihrer Dissertation über Passionsspiele auch nur zur Mitarbeiterin einer Presseabteilung gebracht. Im letzten Jahr haben Stefanie und ich die Arbeit dann seltener unterbrochen. Ich bin kein Abzocker: Das emotional notwendige Vor und Danach berücksichtigt, kostete es jedesmal eine halbe bis dreiviertel Stunde, alles während der Arbeitszeit. Nicht selten nickte ich sogar ein, dann blieb auch Stefanie gern liegen. Zudem hatte ich Sorge wegen Natascha, die als erste Freundin überhaupt einen Schlüssel zu meiner Wohnung besaß. Anders als die Putzfrau tat sie nicht arglos, wenn sie das Schloß von innen versperrt fand. Wer weiß, ob Natascha und ich nicht noch zusammen wären, wenn ich ihr meinen Schlüssel nicht ausgehändigt hätte. Ist grundsätzlich ein Fehler, aber ich lerne es nie. Natascha war nicht verkehrt, das hätte schon noch weiterlaufen können. Aber so habe ich mich ständig beobachtet gefühlt, obwohl am Ende kaum noch etwas mit Stefanie lief. Täglich arbeitet sie vier Stunden, von elf bis drei, alles legal, das kommt letztlich günstiger, weil ich es absetzen kann. Wenn sie zehn Kilo abnähme, könnte sie als attraktiv durchgehen. Das Gesicht ist in Ordnung, der Hintern fest, die Brüste eine fettgedruckte Einladung. Zugleich sabotiere ich ihre Bemühungen abzunehmen mit meinen Pastas zu Mittag und den Pralinen, die ich ihr stets von meinen Reisen mitbringe. Wenn sie meine Frau wäre, nähme ich mehr Rücksicht auf ihre Figur. Ich selbst habe solche Probleme nicht: Viermal die Woche Sport stählt. Ich liebe es, wenn Frauen mit der Hand über meine Bauchmuskeln gleiten. Ich spüre genau, wie sie staunen, egal, ob sie etwas sagen oder nicht. Mit dem Handballen stemmen sie sich in den Muskel, um zu prüfen, ob er wirklich so unglaublich fest ist, wie es bei der ersten Berührung scheint. Genau dann spüre ich, wie sie staunen. Manchmal sagen sie es, manchmal nicht. Das ist nicht so wichtig. Ich kenne schließlich ihren Gedanken. Netter ist es, wenn sie nochmals nachfassen, bevor sich die Hand weiter nach unten schiebt. Als Orientale ist mein Schwanz nicht so groß – das einzige Klischee über uns, das stimmt. In einem sonst allzu komplizierten Roman hatte ich aufgeschnappt, daß westliche Männer ihren Schwanz beim Pinkeln auf vier Fingern wiegen. Es wurde so geschildert, als sei das selbstverständlich und jede andere Art, den pinkelnden Schwanz zu halten, würdelos, unzivilisiert, nicht einmal recht praktikabel. Mein Schwanz reicht im Schlappzustand gar nicht über vier Finger hinaus. In der Folge hatte ich vorm Urinal immer wieder mal nach links und rechts gelugt. Der Roman hatte nicht gelogen: Westliche Männer legen ihren Schwanz beim Pinkeln über die Fläche ihrer vier gestreckten Finger. Da erst hatte ich auch verstanden, warum sie in der Regel einhändig pinkeln. Mit einem Stupsschwanz funktioniert das überhaupt nicht, es sei denn, man hat ihn erst in Position gebracht und fest genug im Griff, um die zweite Hand wegführen zu können – wohlgemerkt im Griff, nicht auf die gestreckten Finger gelegt. Dabei ist Größe im allgemeinen nun wirklich nicht mein Manko. Geschätzt zwei Dritteln der deutschen Männer schaue ich auf den Scheitel. Über die paar Zentimeter, die in der Unterhose fehlen, hat sich noch keine Frau beschwert. Das mit dem Pinkeln ist anders, weder durch Muskeln noch durch Sensibilität zu kompensieren: der praktische Unterschied zwischen denen und mir, den der Roman zudem als einen Grund für meine Unterlegenheit nahelegte. Ich erzählte Stefanie, warum ich aus Cadaqués abgereist war und daß ich Frau Anfang zum Gerichtsmedizinischen Institut der Universität gefahren hatte. Weil ich ihre Irritation bemerkte, betonte ich, daß ich mit der Verstorbenen befreundet gewesen wäre. Ich betonte es offenbar zu stark: Das tut mir leid für dich, meinte Stefanie ehrlich erschrocken. Ich müsse Maike Anfang sehr gemocht haben. Ja, antwortete ich, ich mochte sie, obwohl wir uns noch nicht sehr lange kannten. Es sei irgendwie eine Verbindung dagewesen. Ja, das gibt es manchmal, stimmte Stefanie mir zu. Ich war mir nicht sicher, ob sie es noch ernst oder schon sarkastisch meinte. Sie ist vollkommen unsentimental, so scheiß deutsch, das stört mich an ihr. Immerhin schien sie es nach meiner Erklärung nicht für absurd zu halten, daß ich meinen Aufenthalt in Cadaqués unterbrochen hatte. Daß ich hinzufügte, Maike Anfang erst zweimal getroffen zu haben, schien Stefanie allerdings stutzig zu machen. Erst zweimal getroffen? Ja, ja, und dafür der ganze Aufwand, hätte ich ihre Frage beantworten müssen, richtig gehört, nur zweimal getroffen, rein geschäftlich zudem, und dafür fahre ich 1200 Kilometer mit dem Zug, hin und zurück 500 Euro – aber sie ist gestorben, hätte ich dringlich hinzugefügt, da kann man doch nicht anfangen zu rechnen. Statt dessen ergänzte ich, daß Maike Anfang und ich uns außerdem mehrfach unterhalten hätten am Telefon. Bloß gesehen hätte ich sie nur zweimal, einmal auf dem Werksgelände, das andere Mal mit ihrer Chefin zum Abendessen. Bestimmt vermutete Stefanie, daß ich nach der Verabschiedung der Chefin die Nacht mit Maike Anfang verbracht hatte und jetzt ein wenig sentimental war, von wegen letzter Schwanz ihres Lebens und so. Anders würde sie sich meine Rückkehr nicht erklären können. Ich wollte mich nicht damit herausreden, daß ich, wenn überhaupt, auf die Chefin scharf gewesen wäre. Ich wollte es überhaupt nicht auf dieser Ebene diskutieren. Ich meine, das hier, das alles, das war tiefer. Du hast sie nicht kennengelernt, oder? fragte ich. Sie hätten einmal miteinander telefoniert, nicht öfter. Sie wäre überrascht gewesen, hätte sie ein Bild von ihr gesehen. Mit Sicherheit vermutete sie jemanden wie Korinna, eine Frau wie aus Allegra. Es ist nicht, was du denkst, sagte ich und ärgerte mich schon im nächsten Atemzug über meine Bemerkung, die alles noch zusätzlich aufbauschte. Was soll ich denn denken? fragte Stefanie. Es sei nichts zwischen uns gewesen. Es sei nur, daß ich sie gemocht hätte, mich darauf gefreut, mit ihr zusammenzuarbeiten, ein gutes Gefühl eben, mehr nicht. Aha, war das einzige, was Stefanie erwiderte, ein etwas erstauntes, aber nicht weiter interessiertes, jedenfalls keine Neugier anzeigendes oder Neugier leugnen wollendes *aha.* Ich begriff selbst nicht, warum ich mich rechtfertigte. Stefanie hatte schon einige meiner Liebschaften aus der Nähe miterlebt. Es hätte keinen Grund gegeben, mich vor ihr zu genieren. Absurd war nur, daß es zwischen Maike Anfang und mir gar nichts gab, wofür ich mich hätte nicht genieren müssen. Woran ist sie gestorben? wollte Stefanie wissen. Ich erzählte ihr etwas über die Umstände, auch über den Freund, der die Polizei benachrichtigt hatte. Sie sollte nichts Falsches denken. Und die Mutter? Wo ist sie jetzt? Täuschte ich mich, oder schwang in der Frage tatsächlich eine Abwehr gegen Maike Anfang mit, nicht in den Worten, die waren unverdächtig, sondern im Ton? Maike Anfang war nicht wie sie. Das hätte ich Stefanie gern gesagt, aber es war nicht möglich, ohne sie zu verletzen, dabei wäre es gar nicht verletzend gemeint. Ich mag Stefanie wirklich, sie ist eine wunderbare Frau und absolut korrekt.

Mit Maike Anfang war es nur anders, nicht besser, nicht schlechter, nur anders. Was anders war, würde ich noch benennen können, nahm ich mir vor und berichtete Stefanie, daß selbst engste Angehörige nicht ohne Voranmeldung und Genehmigung in den Leichensaal eines Gerichtsmedizinischen Instituts geführt werden können. Als Frau Anfang am Empfang wieder in Tränen ausgebrochen war, hatte die Pförtnerin einen Arzt gerufen, der uns die Gründe darlegte und Frau Anfang beruhigte. Die Pförtnerin kam hinter ihrer Theke hervor und nahm Frau Anfang in den Arm, richtig in den Arm. Normalerweise berührt man jemanden an der Schulter oder legt die Hand auf das Handgelenk. Diese Pförtnerin hingegen, die schon kurz vor der Rente stehen mußte, nahm Frau Anfang, die es sich gefallen ließ, beherzt wie eine Schwester an die Brust. Das war rührend, die beiden älteren Frauen so umschlungen vor der Theke zu sehen. Entweder hatte die Pförtnerin regelmäßig Besucher, die ihre Fassung verloren, oder privat schon einige Todesfälle hinter sich. Jedenfalls hatte sie Erfahrung. Zehn, zwanzig Sekunden dauerte das, in denen der Arzt und ich schwiegen. Dann ließ die Pförtnerin Frau Anfang los. Sie habe jetzt niemanden mehr, sagte Frau Anfang zum Arzt, als ob der ein Rezept verschreiben sollte. Zum ersten Mal hörte ich sie von ihrer Situation sprechen – nicht, wie Maike Anfang war und hätte werden können, sondern was mit ihr war, der Mutter. Der Arzt wirkte ein paar Jahre jünger als ich, höchstens Mitte Dreißig, ein hochgewachsener Deutscher mit schütterem blonden Haar und weißem Kittel, der am Wochenende vermutlich segelte oder die Single-Partys des Express besuchte (ach Gott, wie kenne ich das Elend allzugut). Er blickte uns mit dem ganzen Ernst der Umstände an und faßte mit fester Stimme das Ergebnis der Obduktion zusammen: Gehirnschlag, natürlicher Tod, nichts Neues also, außer den lateinischen Begriffen. Das Wichtigste für einen Arzt ist ohnehin, Sicherheit auszustrahlen. Während die Pförtnerin noch bei Frau Anfang stand, nahm der Arzt mich beiseite und ging in Richtung des Kaffeeautomaten. Natürlich gebe es Ausnahmen, sagte er. Letztlich sei es eine Ermessensfrage, ob man Angehörige zu der Leiche führe. Im Einzelfall würden sie das tun. Aber hier würde er es uns und vor allem der Mutter nicht empfehlen. Dafür wirke sie zu labil. Hinzu komme, daß die Leiche in keinem besonders guten Zustand sei, wenn ich verstehe, was er meine. Wegen der Obduktion? fragte ich. Nein, ja, auch, stammelte der Arzt, diese drei Worte nacheinander: nein, ja, auch (soviel zu seiner Sicherheit). Es sei Sommer, fuhr er fort, es sei warm, und die Leiche habe schon rund achtzehn Stunden gelegen. Daß sie deshalb nicht mehr so appetitlich aussehe, hätte der Arzt nicht eigens erwähnen müssen. Seinen Namen habe ich vergessen. Sie würden zwar Ausnahmen machen, wie gesagt, aber für Frau Anfang sei es ratsam, auf den Anblick ihrer Tochter zu verzichten oder mindestens abzuwarten, bis die Leiche vom Bestatter präpariert worden sei. Beim Bestatter gebe es dann auch einen Raum, der sich zur Besinnung besser eigne als der Keller des Instituts, in dem sie die Leichen zeigten. Hier sei die Atmosphäre eher deprimierend. Wie gut, daß es beim Bestatter fröhlicher zugeht, dachte ich und steckte einen Euro in den Automaten. Möchten Sie auch einen? fragte ich den Arzt. Nein, danke, sagte er und kniff die Lippen zusammen zu einem Lächeln. Während der Kaffee dampfend in den Plastikbecher tröpfelte, stellte der Arzt klar, daß er die Entscheidung mir überließ. Wenn ich darauf bestehe, würde er mich zur Toten führen. Die Mutter solle aber bei der Pförtnerin warten. Manchmal müßten die Angehörigen nur wissen, daß es wirklich ihre Tote sei, um mit dem Abschied beginnen zu können. Erst jetzt merkte ich, daß er mich für einen Angehörigen hielt. Statt ihn aufzuklären, bat ich ihn, kurz zu warten, und brachte Frau Anfang den Kaffee. Auf dem Weg überlegte ich, ob ich ihre Tochter sehen wollte, sollte, müßte, nackt oder in ein Tuch gehüllt, wie ich vermutete, in einem Raum, kalt wie eine Tiefkühltruhe, ohne Fenster, mit spiegelblanken Kacheln, einem Licht wie im Zahnarztstuhl und metallenen Liegen. Meine Knie waren weich, buchstäblich weich, so daß ich zu schwanken meinte und fürchtete, den Kaffee zu verschütten. Achtzehn Stunden hatte die Leiche in der Wärme gelegen, fast ein ganzer Tag Verwesung. Zurück beim Arzt sagte ich, ich sei jetzt mal ganz ehrlich: Ich glaube, ich schaffe das nicht. Der Arzt behauptete, mich zu verstehen. Er mußte mich für Maike Anfangs Bruder, Mann oder Freund halten, eins von den dreien. Er empfahl mir, auf den Anblick lieber ganz zu verzichten, da der Bestatter nicht alles retouchieren könne. Offenbar schlug er mich nun derselben Kategorie zu wie Frau Anfang: labil. Ob die Medizin feste Vokabeln hatte, um Hinterbliebene zu kategorisieren? Nein, ich war nicht labil. Wenn ich labil war, war Frau Anfang mindestens gefährdet. Das sei nicht so ansehnlich, hatte der Arzt wieder hinzugefügt, worauf ich mich gefragt hatte, wie eine Leiche beschaffen sein mußte, um als ansehnlich bezeichnet zu werden. Gewiß konnte die Medizin berechnen, wie viele Stunden sie bei welcher Temperatur ansehnlich bliebe. Stefanie schilderte ich das nicht so ausführlich. Ich sagte ihr nur, daß wir die Leiche nicht hatten sehen können und der Arzt und die Pförtnerin des Gerichtsmedizinischen Institutes sich mehr als nur professionell verhalten hätten, emotional absolut auf der Höhe. Korinna hatte ähnliches von den Polizisten berichtet, die Maike Anfangs Leiche gefunden hatten. Ich hatte mal gehört oder gelesen, daß soeben verstorbene Körper einen Frieden ausstrahlten, der die Anwesenden ergreife. Vielleicht war das so gewesen. Vielleicht stimuliert die unmittelbare Erfahrung des Todes zur Menschlichkeit. Ich mußte den Freund noch treffen, Maike Anfangs Freund. Er hatte sie zum Schluß gesehen. Er könnte mir Auskunft geben, wie es war, auch das mit dem Frieden. Außerdem wollte ich mehr über seine Rolle an dem Abend und im Leben Maike Anfangs erfahren. Was Korinna mitgeteilt hatte, erklärte nichts, ja, machte ihn eher verdächtig, mochte der kriminologische Verdacht mit der Obduktion auch ausgeräumt worden sein. Daß die Polizei nicht mehr ermittelte, bedeutete nicht, daß alles schon geklärt war. Weshalb hatte er sie allein gelassen? Weshalb zog er sich jetzt zurück? Ich fragte den Arzt nach der Platzwunde. Maike Anfang habe sie sich offensichtlich beim Sturz zugefügt, erklärte er. Keinesfalls habe sie den Tod verursacht. Wieso er das mit Gewißheit sagen könne, setzte ich nach. Die Wunde sei nicht tief genug gewesen, kaum mehr als eine Schramme. Ein natürlicher Tod bedeutete nicht, daß der Freund sich völlig korrekt verhalten hatte. Vielleicht hatte er nicht alles getan, um sie zu beschützen. Vielleicht war er sogar froh, sie losgeworden zu sein. Maike Anfang war bestimmt keine einfache Frau gewesen, herzensgut, gewiß, aber auch kompliziert, womöglich mit einem Hang, sich mit Fragen zu martern, die andere sich nie stellen. Erfüllt war sie nicht gewesen, glaubte ich. Jemand wie sie konnte keine Erfüllung darin empfinden, Autos anzupreisen, sich bei Journalisten anzubiedern oder bei Empfängen das Catering zu organisieren. Andere wären zufrieden gewesen mit dem Job, mit Doktortitel oder ohne. Sie wird nicht nur wegen ihrer Qualifikation unglücklich gewesen sein. Es war etwas in ihrer Natur. Ich wollte sie besser kennenlernen. Ich wollte alles über sie wissen. In dem Augenblick, als ich Stefanie von dem Drängen der Mutter berichtete, sie allein mit der Straßenbahn fahren zu lassen, in diesem Augenblick war ich mir sicher, daß Maike Anfang ein großer Mensch gewesen war, ein besonderer, ein herausragender Mensch, ohne den die Welt nicht auskäme. Das Gefühl nicht des persönlichen, sondern des ganz allgemein, im Namen der Menschheit als solcher empfundenen Verlustes stieg in mir hoch wie ein Rülpser. Zum Glück sagte ich Stefanie nichts davon, sondern erwähnte meinen Argwohn: Der Freund sei so komisch. Nicht einmal bei der Mutter habe er sich gemeldet. Wo die Mutter jetzt sei, fragte Stefanie. Ich vermutete, daß Frau Anfang noch mit dem Bestatter zugange war. Ich glaube, es war okay, daß ich sie dort herausgelassen habe, fügte ich hinzu, ohne abzuwarten, ob Stefanie danach fragte. Dann sagte ich ihr, daß ich mir ein bißchen Salat nehme. Klar, sagte sie und stand auf, um mir einen Teller zu holen. Die Mutter, kündigte ich an, würde ich am Abend anrufen, um zu fragen, wie es ihr gehe und ob sie etwas brauche. Als sie bei mir anfing, konnte Stefanie noch nicht so feine Salate zubereiten. Überhaupt hat sich ihr Geschmack zum Vorteil verändert, ebenso wie ihr Outfit. Insofern profitiert auch ihr Freund von ihrer Arbeit bei mir. Dafür sollte er hinnehmen, daß ich ab und zu mit seiner Freundin schlafe. Das ist normal. Den Senf bringe ich aus Frankreich mit, das Olivenöl aus Spanien. Komm, laß uns schnell rübergehen, sagte ich. Ach du, erwiderte sie und lächelte. Nachher würde ich Korinna anrufen, mal sehen; danach die Mutter und schließlich Maike Anfangs Freund, wenn Korinna oder Frau Anfang mir die Nummer geben könnten. Jemanden von meinen Freunden zu treffen, hatte ich keine Lust. Ich hätte sonst wieder erklären müssen, warum ich in Köln war. Besser, ich würde nachher noch Sport treiben. Meine Eltern mußte ich anrufen, vielleicht auch Minu. Sie wußten nicht, daß ich zurückgekehrt war. Ich würde ihnen zur Begründung sagen, daß eine Kollegin gestorben war. Von Freundschaft würde ich nicht sprechen, damit sie sich keine Sorgen machten. Stefanie stand auf, um ihren Teller in die Spülmaschine zu stellen und die Küchenablage aufzuräumen.

7

Weiß Gott, warum ich mir Daniel schmächtig und blond vorgestellt hatte. Obwohl er fast auf die Minute pünktlich war, hielt ich ihn im ersten Augenblick für den Kellner. Vertieft in die Lektüre des Express hatte ich nicht bemerkt, wie er das Café betrat. Daß Verdächtige verhaftet worden waren, wie es auf der Titelseite hieß, hatte mich denn doch neugierig gemacht. Außerdem waren beinah zwei Urlaubsjets kollidiert, weil die Piloten sich knipsen wollten. Ich würde den Express nicht kaufen, aber wenn er herumliegt, lese ich ihn. Die vier Attentäter sollen britische Staatsbürger gewesen sein, sämtlich in England geboren. Zudem war Sprengstoff aus militärischen Beständen verwendet worden, was auf Rechtsextremisten oder solche Leute deutete, IRA wahrscheinlich. Vielleicht könnte ich mein Hemd demnächst wieder offen tragen und müßte mich vorher nicht rasieren, wenn ich bei älteren Damen klingelte. Ich wollte schon zur Nachricht von den Urlaubsjets umblättern, als mir einfiel, daß in dem Artikel von Selbstmordattentätern die Rede war, also doch von Muslimen. Ich kann vieles verstehen, und daß sie die Amerikaner hassen, was soll's, das gibt's, das ist heute normal, egal wo, in Südamerika, wo sie Bin-Laden-T-Shirts tragen, in Südasien, wo sie die amerikanischen Sportler auspfeifen, oder in Deutschland bei meinen linken Freunden, die sich von ihren Idealen nur die Verachtung für Amerika bewahrt haben, alle denken das: Amerikaner sind Scheiße, was sie tatsächlich sind, wenn ich nur daran denke, wie sie uns die Mullahs eingebrockt haben, erst mit dem Putsch gegen Mossadegh, dann mit dem Krieg des Irak, dem Angriffskrieg von Saddam, von dem ich nicht glaube, daß er wirklich in einer Zelle einsitzt, das ist doch alles Fake; auch Unschuldige zu töten, Zivilisten, leider ebenso normal, hat es immer gegeben, obwohl ich es nicht entschuldigen möchte; aber daß die sich dauernd selbst in die Luft sprengen, begreife ich nicht. Das ist nicht normal. Normal ist, wenn ich mit Stefanie schlafe. Letztlich bin ich normal, sowenig mir das paßt. Normal ist auch, daß jemand wie Maike Anfang nicht mehr da ist, so jung sie noch war. Normal ist nun einmal, wenn man stirbt. Normal ist sogar, wenn man andere oder sich selbst umbringt. Aber wenn man beides auf einmal tut, ist das unnormal, finde ich. Mit diesem Resümee hätte ich endgültig umgeblättert, wenn Daniel mich nicht angesprochen hätte. Daß ich ihn zunächst für den Kellner hielt, mochte auch daran liegen, daß er nur *Hallo* gesagt hatte und ich meinen Gedanken nachhing. Vor allem jedoch lag es an seinem Aussehen. Daniel ist ein muskelbepackter Hüne mit schulterlangen braunen Haaren und einem Kinn wie eine Veranda. Das Gegenteil hatte ich mir als Maike Anfangs Freund vorgestellt, einen Grübler, ein Sensibelchen, definitiv jemanden mit Brille. Der vor mir stand, sah aus wie ein Eishockeyspieler. Frau Anfang hatte mir gestern abend seine Nummer gegeben. Kurz vorher hatte er sich doch noch bei ihr gemeldet. Vor mir hatte Korinna bereits mit Daniel telefoniert. Nach meinem Anruf bei ihm hatte ich mit Korinna telefoniert. Korinna schließlich hatte mir angekündigt, nach unserem Gespräch mit Frau Anfang zu telefonieren. Also waren wir gestern abend alle miteinander verbunden gewesen, vier Menschen, die sich vor Maike Anfangs Tod nicht kannten, überlegte ich und wurde beinah sentimental, als Daniel sich nach unserer Begrüßung – Handschlag, einmaliges Nicken mit aufeinandergepreßten Lippen – hinsetzte und wir uns anschauten mit dem Blick zweier Männer, die etwas Trauriges teilen. So wenig wie Frau Anfang ahnte er, daß ich mit Maike Anfang kaum mehr geteilt hatte als einen Rosebank und den verwirrten Blick vorm Abschied. Immerhin hob mich das *Du,* mit dem er mich gestern sofort angesprochen hatte, beinah auf seine Ebene des Trauerns. Hätte er mich gesiezt, hätte ich ihm Beileid bekunden müssen. Indem er mich duzte, hatten wir beide eine Freundin verloren. Das hatte es mir erleichtert, ihn zu einem Kaffee einzuladen, ohne einen Grund zu nennen. Die Irritation darüber, daß er meine Einladung ohne Nachfrage annahm, kehrte wieder, als er mir nicht mit verquollenen Augen gegenübersaß. Er sah nicht aus wie jemand, der vier Tage zuvor seine Freundin tot aufgefunden hatte. Er sah geradezu wohlgemut aus, jedenfalls nicht depressiv, und ich spürte in mir den Instinkt, das nicht richtig zu finden. Zugegeben, Korinna hatte gesagt, daß er unter Schock gestanden habe. Zudem hatte er die Leiche seiner Freundin nicht selbst gefunden, sondern bloß die Polizei benachrichtigt. Das ist ein Unterschied. Wahrscheinlich hatte er die Leiche noch gar nicht gesehen – aber gewiß nicht, weil er es nicht ausgehalten hätte, sondern weil es ihn nicht interessierte. Er konnte nicht wissen, daß Maike Anfang nicht mehr so ansehnlich war. Wenn ich ihr Freund gewesen wäre, hätte ich sie sehen wollen, egal, was achtzehn Stunden Kölner Sommer aus ihr gemacht hätten, und das hatte bestimmt nichts zu tun mit meiner Kultur. Daß die Iraner anders trauern, öffentlich und exzessiv, habe ich auch gelesen, aber erlebt habe ich es nie. Ich habe immer nur am Telefon kondoliert mit meinem Kinderpersisch. Mir gegenüber haben sich die Tanten zusammengerissen. Überhaupt hat mich die iranische Herkunft einen Scheiß geprägt. Die verhilft mir zu Aufträgen wie in Baden-Württemberg, aber nicht zu übersteigerter Empfindung. Frau Anfang hatte schließlich den gleichen Impuls gehabt, die Leiche zu sehen, und die war stockdeutsch. Ich fand Daniel auf der Stelle falsch für Maike Anfang. Frauen wie sie geraten immer an die Verkehrten, dachte ich. Sie sind empfänglich für schiere, physische Kraft, gerade weil sie selbst allzu sensibel sind, für große Schwänze sowieso. Auf so jemanden war Maike Anfang hereingefallen, ein Tier – kein Wunder, daß er ihre Mutter im Stich gelassen hatte. Auf meine Frage, wie es ihm gehe, zuckte er nur mit den Schultern. Für einen Bodybuilder waren seine Oberarme nicht dick genug. Er war einfach nur gut gebaut, das war alles, vermutlich nicht muskulöser als ich, aber mit kräftigeren Knochen. Daß er so groß war, dafür konnte er nichts und machte ihn nicht zum Schläger. Sein Aussehen gab keinen Anlaß, an die Platzwunde zu denken, die nicht tief genug gewesen sein mochte, um den Tod zu verursachen, aber nicht zwingend vom Sturz herrühren mußte. Der Polizei genügte der natürliche Tod. Sie interessierte sich nicht für die Beziehung Maike Anfangs zu ihrem Freund und ob sie sich an ihrem letzten Abend gestritten hatten. Wahrscheinlich hatten die Beamten Blutspuren auf der Kommode gefunden, die ebenfalls den Sturz belegten. Tut mir leid, sagte ich, tut mir wirklich leid, ist echt beschissen das alles, und daß ich Maike sehr gemocht hätte. Wenn ich ihm helfen könne, egal wie, möge er das bitte sagen. Es sei mir wichtig, das am Anfang formuliert zu haben. Danke, sagte Daniel ernst und mit fester Stimme wie der Arzt von der Gerichtsmedizin. Er wisse das zu schätzen. In so einer Situation stehe man zusammen, stellte ich klar, egal, wie gut man sich kenne. Woher ich Maike gekannt habe, wollte Daniel wissen. Über Korinna, sagte ich. Ob ich auch bei Ford arbeite? Ich berichtete, daß ich selbständig sei und einen Auftrag von Ford bekommen habe. Und du? fragte ich: Wie hast du Maike kennengelernt? Er hatte sie beim Hockey kennengelernt. Warst du auch bei Schwarz-Weiß? Er war auch bei Schwarz-Weiß-Köln, schon lange. Hat sie ebenfalls schon lange dort gespielt? Ewig. Seid ihr in einer Mannschaft gewesen? Männer und Frauen spielen getrennt. Aber sie hatten sich eben bei Schwarz-Weiß kennengelernt, nach dem Training oder beim Feiern. Es gibt dort eine Terrasse, auf der man sehr schön sitzen kann, mit Blick ins Grüne. Aber zusammen wart ihr noch gar nicht so lange, seit dem Winter erst, oder? Ich warf die paar Informationen, die mir über Maike Anfang vorlagen, so lässig auf den Tisch, als hätte ich den ganzen Rucksack voll. Unangenehm war, ständig in der Vergangenheit zu reden. Es kam mir nicht korrekt vor, zu hart, denn Daniel selbst spielte schließlich noch Hockey. Nur konnte ich schlecht immer beide Formen verwenden, für ihn die Gegenwart, für Maike Anfang die Vergangenheit. Als die Kellnerin endlich an unseren Tisch trat, fragte ich eilig, was er trinke. Da ich ihn angerufen hatte, fühlte ich mich als Gastgeber. Magst du mir erzählen, wie das am Freitag war? fuhr ich fort. Er habe es sicherlich schon oft erzählt, aber ich sei dankbar, es von ihm selbst zu hören. Kein Thema, sagte Daniel, das könne er nachvollziehen und wäre bei ihm nicht anders. Sein knapper Bericht unterschied sich in Details von dem, was ich von Korinna wußte, vielleicht weil ich mich im TGV verhört, vielleicht weil Daniel sich gegenüber Korinna wegen seines Schocks mißverständlich ausgedrückt hatte. Einen Grund, ihm einen Vorwurf zu machen, bot sein Bericht nicht. Er selbst machte sich wiederholt den Vorwurf, seine Freundin in der Nacht allein gelassen zu haben. Wie es ihr zuletzt ging, wollte ich wissen. Ob es stimme, daß Maike in den letzten Monaten nicht so gut drauf gewesen sei. Nein, das glaube er nicht, sagte Daniel. Er hätte das jetzt schon von ein paar Bekannten gehört, aber das stimme einfach nicht, soweit er das beurteilen könne. Und er glaube, er könne das beurteilen. Er glaube, daß manche Leute nachträglich etwas in den Tod interpretieren würden – um dem Tod einen Sinn zu geben, fügte ich in Gedanken hinzu. Überhaupt finde er es erstaunlich, wie viele beste Freundinnen Maike auf einmal gehabt hätte, und alle wollten sich mit ihm in der Wohnung treffen; echt kraß, nannte er das und gestand, daß er sich überfordert fühle. Abgesehen davon habe er gar keinen Schlüssel zu der Wohnung. Hatte Korinna mir nicht gesagt, daß der Freund kaum Kontakt gehabt hätte zu Maike Anfangs Freundinnen? Oder bildete ich mir das nur ein? Ich versicherte ihm, daß ich nicht deshalb angerufen hatte, um ein letztes Mal die Wohnung zu sehen. Es sei mir nur ein Bedürfnis gewesen, Maikes Freund kennenzulernen, den Mann, den sie geliebt hat. Mein Fahrrad fiel mir ein. Wenn es inzwischen nicht geklaut worden war, stand es noch immer vor ihrer Wohnung. Maike sei es richtig gutgegangen, bekräftigte Daniel. Und die Arbeit? fragte ich. Daniel antwortete mit einem gedehnten *ja,* das die Verneinung im Klang trug. Maike habe nicht nur für die Arbeit gelebt. Es sei ein Job gewesen, nicht schlecht bezahlt, mit vielen Reisen verbunden, internationalen Kontakten. Sie hätte ihre Hobbys gehabt, den Verein, das Motorrad, viele Freunde und sich auf den Urlaub mit ihm gefreut. Wohin sollte es gehen? fragte ich. Nach Korsika, antwortete Daniel: Übermorgen nacht wären sie losgefahren, mit dem Autoreisezug nach Südfrankreich, von Marseille mit der Fähre, ab Ajaccio mit den Motorrädern. So wie Daniel sich anhörte, waren sie ein gutes Team gewesen. Habt ihr übers Heiraten gesprochen, über Kinder? Nein, sagte Daniel, nie. Er habe geahnt, daß sie gern Kinder gehabt hätte. In dem Alter denken die meisten Frauen an Kinder, bemerkte ich. Er habe sie unheimlich gern gehabt, kein Thema, aber so lange seien sie schließlich noch nicht zusammengewesen. Ein halbes Jahr oder so, nicht? fragte ich, worauf er nickte. Wie er jetzt darüber denke, wollte ich wissen. Über was? fragte er. Über Kinder, sagte ich. Im nachhinein denke er schon, daß er gern welche mit ihr gehabt hätte, aber er stelle sich auch vor, sie wäre schwanger gewesen, und dann wäre das passiert, oder das Kind wäre schon da. Was machst du eigentlich? fragte ich Daniel. Wie ich das meine, fragte er zurück. Ich meinte beruflich. Er arbeite ebenfalls in der Autobranche, antwortete er, allerdings bei Toyota. Da mußten wir beide lächeln, ohne zu wissen, was daran lustig war. Sind die etwa auch in Köln? fragte ich. Maike sei eine Superfrau gewesen. Vor allem in den letzten Wochen hätten sie sich super verstanden. Ich möge ihn nicht falsch verstehen. Er habe Maike geliebt, aber nicht ahnen können, daß sie so wenig Zeit miteinander haben würden, sonst wäre er bestimmt anders an die Sache rangegangen. Aber dann wäre es vielleicht auch nicht so offen gewesen, wie es war, bemerkte ich. Wie ich das meine, wollte Daniel wieder wissen. Ich meinte, daß die Sache dann bestimmt nicht so leicht und unkompliziert gewesen wäre, so... offen eben. Da könne ich recht haben, sagte Daniel, kein Thema. Ich habe nichts Prinzipielles gegen Menschen, die *kein Thema* sagen, doch kenne ich keinen einzigen, mit dem ich mich verstehe. Daniel war in Ordnung. Er war nicht falsch, nur anders. Wenn überhaupt, ärgerte ich mich über Korinna, die sich als gute Freundin ausgab, aber nichts von dem geahnt oder mitgeteilt hatte, was Daniel mir auftat, Sportverein, viele Bekannte, Motorrad, kein Thema. Und jetzt? fragte ich: Was machst du jetzt?, worauf Daniel wieder fragte, wie ich das meine. Ich meinte die nächsten Tage. Keine Ahnung, sagte er zuerst und weiter, daß er der Mutter helfen werde bei den Angelegenheiten, die es zu regeln gebe, Beerdigung, Wohnung, Versicherungen, so was. Um die Angelegenheiten bei Ford kümmere sich zum Glück Korinna. Ich versicherte, daß auf Korinna Verlaß sei. Er habe mit der Mutter gestern besprochen, daß er sich den Schlüssel hole, um die Wohnung aufzuräumen. So viel Intimes liege dort, von ihnen beiden, allein schon der Müll, was sie in den letzten Tagen alles weggeschmissen hätten, oder seine Slips, die Socken, die müsse eine Mutter nicht entdecken. Es sei ganz in Ordnung, daß er sich jetzt um das Praktische kümmern müsse. Trinkst du noch etwas? fragte ich. Nein, danke, sagte er. Auch nichts zu essen? Er glaube, er mache sich jetzt mal auf den Weg. Sag Bescheid, wenn du nicht klarkommst, insistierte ich. Womöglich könnte ich ihm etwas abnehmen, etwas von den organisatorischen Dingen. Vielleicht täte es ihm auch gut, sich einfach nur mit jemandem zu besaufen. Er könnte mich anrufen, jederzeit, egal wann, ich bin immer da, o.k.? Daniel schaute auf die leere Kaffeetasse. Erstmals hatte ich den Eindruck, er könnte gleich Gefühle zeigen und nicht nur über sie sprechen. Nicht, daß ich befürchtete, er würde wie Frau Anfang losheulen. Eher erwartete ich ein langgezogenes Seufzen oder ein dreifaches leises *Scheiße.* Ich meinte, etwas sagen zu müssen, um ihn aufzufangen, falls er jetzt in ein Loch fiele, egal was, Hauptsache, daß jemand zu ihm spräche. Ich hätte mit Maike diese Abschiedsfeier für den Vorstandsvorsitzenden vorbereiten sollen, sagte ich. Sie sei mir sympathisch gewesen, ja, total nett und engagiert, aber zu tun gehabt hätte ich mit ihr nur beruflich. Zum Glück fragte Daniel nicht, warum ich ihn hatte treffen wollen, wenn ich seine Freundin kaum gekannt hatte. Was hätte ich schon sagen sollen? Ich konnte nicht anders, als es dennoch zu erklären: Manchmal habe man eben so ein Gefühl für einen Menschen, ein Gefühl, daß man gut miteinander klarkomme, auch wenn man noch fast gar nichts über den anderen wisse. Ich nahm meine Hände zu Hilfe: Das sei so gewesen wie zwei ... ich überlegte, welches Bild am besten paßte... wie zwei Autos, die sich aufeinander zubewegten, und man könne schon den Fahrer in dem anderen Auto erkennen, und plötzlich sei das Auto verschwunden oder habe einen Unfall. Ich ließ eine der beiden Hände, mit denen ich die Bewegung versinnbildlichte, plötzlich fallen: Zack, weg, sagte ich, und schaute auf die andere, noch erhobene Hand, die rechte, die Finger noch immer ausgestreckt. Daniel schaute mich immer noch an, unverändert. Verflucht, was erzähle ich da?, fuhr es mir durch den Kopf. Auf einen Angestellten von Toyota, der seine Freundin bei Ford verloren hatte, mußte mein Vergleich besonders idiotisch wirken. Ich glaube, ich weiß, was du meinst, sagte er. Es sei nett, daß ich mich kümmere. Ich hätte keine

Ambitionen gehabt bezüglich Maike, das könne er mir wirklich glauben, betonte ich und erzählte ihm zur Sicherheit von Natascha, ohne zu erwähnen, daß wir uns längst getrennt hatten. Es sei einfach nur, daß Maike plötzlich weg gewesen wäre, so aus heiterem Himmel tot. Ich glaubte zu erkennen, daß Daniel mich keineswegs verstand. Wenigstens schien es ihn nicht weiter zu interessieren. Auch er hätte mich für bekloppt gehalten, wenn er erfahren hätte, daß ich eigens aus Spanien angereist war. Es war auch bekloppt: Nicht nur saß ich mit dem wildfremden Freund einer mir fast genauso fremden Frau zusammen, die bedauerlicherweise verstorben war – ich versuchte ihm auch noch zu erklären, warum. Woher ich denn die Mutter kenne, fragte Daniel. Darauf war ich nicht vorbereitet gewesen. Ich bereute es, meinerseits die Mutter erwähnt zu haben. Daß ich sie kannte, fügte sich nicht in das Bild meiner Beziehung zu Maike Anfang, das ich Daniel präsentiert hatte. Ich habe sie erst gestern kennengelernt, sagte ich und erzählte die Geschichte mit dem Anrufbeantworter, den sie abgehört hatte. Von dem Gerichtsmedizinischen Institut erzählte ich vorerst nichts. Erst wollte ich abwarten, wie er reagierte. Wenn du die Mutter kennst – meinst du, du kannst mir doch einen Gefallen tun? fragte er. Klar, sagte ich, kein Problem. Er habe echt Panik davor, die Mutter zu treffen, sagte er: Er selbst sei so scheiße drauf, und dann noch die Vorstellung, vor einer heulenden Mutter zu sitzen, das packe er nicht, nicht jetzt. Ob ich das verstehe? Klar, wiederholte ich, klar verstehe ich das. Dabei hatte ich ihn noch nicht verstanden, wie ich an seinem nächsten Satz feststellte: Es sei nämlich auch der Gedanke, daß die Mutter genauso aussehe wie Maike, nur älter, das sei so, wie die Zukunft von Maike zu sehen, die niemals eintreten werde. Aber er werde doch kaum vermeiden können, die Mutter zu sehen, bemerkte ich. Spätestens bei der Beerdigung werde er ihr begegnen. Jaaaa, sagte Daniel wieder, das gleiche gedehnte *ja* von vorhin, aber er sei noch nicht soweit. Deshalb habe er solange gebraucht, um endlich die Mutter anzurufen. Er würde vielleicht äußerlich gefaßt wirken und habe sich tatsächlich schon etwas gefangen, aber innerlich sei er noch immer total fertig und halte es nicht einmal aus, allein zu Hause zu schlafen. Die ersten zwei Tage habe er nur geheult. Wahrscheinlich werde er auch eine Therapie beginnen, mal sehen. Was genau ich für ihn tun könne, fragte ich. Hast du heute Zeit? Klar hätte ich Zeit, in so einem Fall immer. Meinst du, du kannst für mich nach Bergneustadt fahren, um den Schlüssel abzuholen? Logisch, kein Problem. Daniel hätte gesagt *kein Thema.*

8

Mit Sphärenmusik und esoterischen Klangteppichen à la Vollenweider kann man mich jagen. Nichts ist verlogener als die Harmonie, die sie verkünden. Deshalb irritierte mich die akustische Gitarre, die ich im Wohnzimmer von Frau Anfang hörte. Dem ersten Eindruck nach war das die gleiche meditative Sülze, nur pseudo-melancholisch beträufelt. Trauer ist ein Teil der kosmischen Erfahrung und so ein Schmu. Laß es zu, laß es fließen: Meine Schwester Minu hat mich einmal zu einem Sufi-Wochenende in eine Turnhalle am Bodensee mitgeschleppt, wo alle nur so vor sich hinflossen in ihren Jogginghosen und kurdisch anmutenden Sackhosen. Draußen auf dem Parkplatz froren derweil die deutschen Mittelklassefabrikate, VW-Passat Kombi, BMW 5er, Mercedes E-Klasse – von wegen Opium des Volks, Seufzer der Bedrängten. Minu hat ein anderes Verhältnis zu Iran. Sie hat sich in München in ihren sufischen Guru verliebt, ihren Pir, und findet alles Iranische toll, wie sie überhaupt alles toll findet außer dem, was nicht so toll ist, aber das verdrängt sie; sie schirmt sich ab von den negativen Energien, so nennt sie das selbst. Seit einiger Zeit spricht sie mich sogar in unserem deutschen Akzent auf persisch an, obwohl ich das konsequent ignoriere. Nur hinfahren mag sie nicht mehr. Der real existierende Iraner ist ihr zu negativ. Hingegen das Fränkische ihres real existierenden Pirs scheint unheimlich viel Energien freizusetzen. Finanziell hätte der Sufismus in Deutschland Potential auch außerhalb der Esoterik, nicht zuletzt als Onanie für linkssozialisierte Rassisten, die nichts gegen Muslime haben wollen, sondern nur etwas gegen den Fundamentalismus. Ich selbst habe allerdings meine ästhetischen Prinzipien. Wenn jemand anfängt, *Allah Allah* auf Fränkisch zu singen, hört es bei mir auf. Die Musik klang irgendwie andalusisch, wahrscheinlich ein erfolgloser Araber, der ehemals Oud spielte und jetzt mit seinem inneren Dialog der Kulturen die Herzen deutscher Volkshochschuldirektorinnen erweicht. Aber bereits nach ein, zwei Minuten merkte ich: Hoppla, der das spielt, kann richtig gut mit seinem Instrument umgehen. Mit jeder Berührung der Saiten kehrte der Gitarrist eine neue Stimme hervor, dabei wie gehaucht, daß man ganz genau darauf achten mußte, bis man die Nuancen entdeckte. Die Musik hatte immer noch etwas Orientalisches, aber zugleich traten die Jazzakkorde deutlicher in mein Bewußtsein. Sie war ruhig, durchaus traurig, zugleich entrückt, im positiven Sinne meditativ, hätte ich sagen wollen, schließlich meditieren nicht nur blonde Sackhosen in Turnhallen. Vor echter Spiritualität habe ich Respekt, gleich in welcher Religion sie wurzelt. Ich habe daran keinen Anteil, aber achte Menschen, die mit ihren angestammten, über Generationen gewachsenen Ritualen und Gebeten leben. Ich würde auch gern glauben. Zu beten muß eine Wohltat sein, nicht nur wenn jemand stirbt. Eine Messe im Dom ist ein Superevent, keine Frage. Ich mag nur das Unechte nicht. Was war das bloß für eine Musik? Ich dachte an mein Festival in Baden-Württemberg, mit dem die Landesregierung noch schärfere Gesetze gegen Muslime vorbereitete: Vielleicht könnte ich den Gitarristen einladen, gleich ob es sich um einen Orientalen handelte, der auf Jazz, oder umgekehrt einen Jazzer, der auf orientalisch machte. Frau Anfang brachte den Kaffee mit Tassen und Tellern auf einem hölzernen Tablett, ihr Bruder den Kuchen, drei einzelne Stücke, Apfel, Erdbeere und Käse, die sie aus der Konditorei besorgt haben mußten, nachdem ich mich vor zwei Stunden angekündigt hatte. Endlich trug sie auch Schwarz. So merkwürdig das klingt, nahm ich das als gutes Zeichen, als Zeichen, daß sie mit den Vorkehrungen begonnen hatte, sich abzufinden. Gut ging es ihr nicht, klar, nach einer solchen Sache. Aber sie wirkte stabiler und hatte wieder etwas Farbe im Gesicht. Man hatte nicht mehr das Gefühl, sie am Oberarm festhalten zu müssen, damit sie nicht taumelte. Ohne Zweifel hatte ihr Bruder, Herr Haubner, seinen Anteil daran, daß seine Schwester sich im Rahmen des Möglichen gefangen zu haben schien. Ich hielt ihn für jünger als Frau Anfang, fast genauso klein, bestimmt ein Kopf kürzer als seine tote Nichte, und dick von der Art, die sich nach vorn zum Ball krümmt statt zu den Seiten. An der Haustür in Bergneustadt-Wiedenest, die ich nach 64,8 Kilometer erreichte, acht Minuten unter der berechneten Fahrzeit von 45 Minuten, hatte ich ihm mein Beileid ausgesprochen. Daß er sich bedankte, ohne seinerseits Beileid zu bekunden, erleichterte mich. Hoffentlich hatte ihm Frau Anfang nichts über mein Verhältnis zu ihrer Tochter gesagt; es hätte nur falsch sein können. Erst im Zwischenzimmer hinter der Diele war sie mir entgegengekommen und alsbald wieder in der Küche verschwunden. Ihr Bruder führte mich ins Wohnzimmer, das der deutschen Regel entsprach, zu eng zu sein und durch dunkle Einbauschränke noch zugebaut. Auf dem Beistelltisch lag eine Broschüre der Stadt Köln in

DIN A 4: *Grab und Bestattung. Ein Ratgeber zu den Kölner Friedhöfen.* Ich fand es richtig, wenn Maike Anfang in Köln begraben würde. Dort hatte sie ihre Umgebung, ihre Freunde. Dort hatte sie studiert und gearbeitet. Dort waren die meisten Menschen, die sich an sie erinnerten. Zu Bergneustadt hatte sie keine Beziehung. Schon bei der Abfahrt von der Autobahn hatte ich mir vorgenommen, nicht über das Umfeld oder die Einrichtung von Frau Anfang zu urteilen. Überraschend war nur, wie exakt die Straßen am Hang dem Bild entsprachen, das ich mir von Wiedenest gemacht hatte, ohne je auch nur in der Nähe gewesen zu sein. Selbst mit dem Alter der Ein- und Mehrfamilienhäuser lag ich richtig, sechziger und frühe siebziger Jahre, nichts Dörfliches, nur an der Durchgangsstraße nach Olpe hier und da Schiefer, ein paar Reste von Fachwerk. Hinter der Tür setzte sich die Geschmacklosigkeit fort: beige Kacheln, eine Glastür am Ausgang der Diele, eichenfurnierte Kommode und Garderobe vom Wohncenter auf der grünen Wiese. Der Fluch von Ikea ist wohlbekannt; über den Segen wäre angesichts der Diele noch gesondert zu reden gewesen. Herr Anfang hatte renoviert, als er mit dem Hauskauf die größte Anschaffung seines Lebens wagte, nur um kurz darauf zu sterben, viel zu früh, wie man in solchen Fällen sagt. Tragisch würde man über den Tod seiner Tochter sagen. Sich über Frau Anfangs Ästhetik zu erheben wäre ungerecht gewesen, rief ich mir in Erinnerung, nicht nur wegen ihrer besonderen Situation, in der man Rücksicht nehmen mußte. Es war einfach wie überall in Deutschland, schrecklich. Einzelnen Bewohnern kann man das nicht zum Vorwurf machen. Frau Anfang war eine liebenswerte Frau, keine Frage, genauso wie ihre Tochter. Darauf gebe ich mehr als auf Design.

Auch die Herzlichkeit ihres Bruders spürte ich bereits, als er mich mit beiden Händen auf das grüne Sofa setzte. Wirklich: Er hielt meine beiden Hände fest, als ob ich unsanft landen könnte oder so labil wäre wie seine Schwester. Dann trat er einen Schritt zurück, stieß mit den Kniekehlen an den Wohnzimmertisch, entschuldigte sich, ging zur Seite und stellte sich auf wie ein Schuljunge mit gefalteten Händen, nickte einmal fest mit zusammengepreßten Lippen und stieß ein *Danke* hervor. Anschließend nickte er noch drei-, viermal und preßte die Lippen wieder zusammen. Es war so übertrieben, daß ich beinah schmunzeln mußte. Unsinn, rief ich, um die Situation aufzulösen, das war doch nichts. Die Amerikaner regen sich auf, wenn die Deutschen den Dank mit *it was nothing* beantworten, weil es keines Dankes bedarf, wenn es *nothing* war, dachte ich in dem Augenblick und entdeckte, wie elegant und großzügig doch *you're welcome* wirkte: Wenn ich etwas tun könne für Frau Anfang, dann von Herzen gern. Maike sei ein wunderbarer Mensch gewesen. Ja, das war sie, sagte Herr Haubner und setzte sich. Bei wem hatte ich den Ablauf aus lippengepreßtem Nicken, danke, Nicken zuletzt gesehen? Richtig, knapp zwei Stunden zuvor bei Daniel, fiel mir ein, Maike Anfangs Freund. So blicken Männer, die es ernst meinen, wenn sie sich bedanken. Ich hatte überlegt, ob mir die Geste jemals in Iran begegnet war. Nein, die Geste beschränkt sich auf Kulturen, in denen die Aussicht, danke sagen zu müssen, den Menschen oder jedenfalls den Männern – Frau Anfang hatte offenkundig kein Problem, sich zu bedanken, im Gegenteil – den Hals zusammenschnürt. Immerhin steigert der Komplex die Bedeutung des Wortes. In Iran sagen sie einem selbst dann noch danke, Ihr Diener, Ihr Sklave, mein Leben für Ihre

Großtat, wenn sie einen auf dem Basar bescheißen. Herr Haubner hatte es definitiv ernst gemeint, als er sich für meinen gestrigen Besuch bei seiner Schwester bedankt und hinzugefügt hatte, daß er sich Vorwürfe mache, nicht sofort nach Erhalt der Nachricht gekommen zu sein, der Nachricht von Maikes Tod. Es sei schwierig gewesen wegen der Bienen. Ja, Herr Haubner war Imker, wie er mir sogleich erzählte. Sie hätten auf die Schnelle niemanden gefunden, der sich um die Imkerei kümmerte, und sie hätten doch zu zweit anreisen wollen, er und seine Frau. Seine Frau sei die beste Freundin von Annette, wie Frau Anfang also mit Vornamen hieß. Nun war sie doch daheim geblieben in Grifte, einem Nest südlich von Kassel. Sie hatten sich entscheiden müssen, ob er oder sie kommen sollte. Im Sommer konnte man die Bienen nicht allein lassen, und der Mitarbeiter war im Urlaub auf Mallorca, nicht einmal auf dem Handy erreichbar. Es war gut, daß sie sich für ihn entschieden hatten, Herrn Haubner, trotz der Freundschaft seiner Frau mit Frau Anfang und obwohl sie bestimmt geschickter war in Worten und zärtlicher. Ich konnte mir vorstellen, wie Herr Haubner Hände fest ergreift oder jemanden an den Oberarmen stützt, vielleicht auch seinen eigenen Arm auf eine Schulter legt, aber nicht, wie er seine Schwester an die Brust drückt und streichelt. Dafür schien er die richtige Art zu haben, das Notwendige entschlossen zu regeln, ohne geschäftsmäßig zu wirken. Nach einem Tod geht es schließlich nicht zuletzt um Formalitäten. Um die würde er sich zuverlässig kümmern. Aus seinem Blick sprach mehr die Sorge um die Schwester als die Trauer um die Nichte. Das war jetzt auch wichtiger. Als er in die Küche ging, um Frau Anfang zur Hand zu gehen, nahm ich die Musik genauer wahr, die mich gegen meinen Vorsatz, alles Ästhetische gelassen hinzunehmen, doch kurzzeitig erschüttert hatte. Alles hätte ich toleriert, ja mit Verständnis und Wohlwollen aufgenommen, vom laufenden Fernseher bis zu jeder erdenklichen Volks-, Schlager- oder Kuschelrockmusik, aber nicht synthetische Lauten aus der Stereoanlage im holzfurnierten Einbauschrank. Berufsbedingt bin ich empfindlich, Frau Anfang und Herr Haubner, das werden Sie doch wohl sehen, auch wenn Sie nichts von Kultur verstehen, hätte ich am liebsten gerufen, ein wenig so wie zwei Tage zuvor im TGV, fiel mir ein: Mesdames et messieurs, das werden Sie doch wohl hören, auch wenn Sie kein Deutsch verstehen. Als die Geschwister Kaffee und Kuchen brachten, meinte ich, einzelne Akkorde wiederzuerkennen. Ich konnte mich kaum auf meine Gastgeber konzentrieren, so sehr beschäftigte es mich, die Musik zu identifizieren. Jetzt schrammte der Gitarrist auf einer einzigen Saite wie ein Punker, aber dabei so behutsam, daß es nicht weh tat im Ohr. Es war eher wie ein Streicheln, wie die stöhnenden, wohligen Laute, wenn man eine Frau zwischen den Beinen streichelt. Das ist ebensowenig tonal und dennoch harmonisch. Ich mußte ein paar Minuten abwarten, bevor ich Frau Anfang nach der Musik fragen konnte. Zuerst mußte ich mich erkundigen, wie es ihr gehe, wie es gestern beim Bestatter war, was jetzt anstehe und so weiter. Gestern war alles glattgegangen, erfuhr ich, beim Bestatter und hinterher mit der S-Bahn nach Gummersbach. Auch mit den Anschlüssen hatte alles geklappt. Abends war dann ihr Bruder eingetroffen. Nur schade, daß Lotte ihn nicht begleiten konnte, merkte Herr Hübner an und fügte zu mir gewandt hinzu: Lotte, das sei seine Frau. Er würde wieder abreisen, dachte ich – was dann? Es wäre zu früh gewesen, danach zu fragen. Vielleicht hatte sie sich bereits Gedanken gemacht. In ihrem Haus in Bergneustadt würde sie endgültig verkümmern, nicht weil es Bergneustadt war oder nicht einmal Bergneustadt, um genau zu sein, ein Winkel an der Ausfallstraße nach Olpe, sondern weil mit der Tochter der letzte Grund weggefallen sein mußte, allein zu leben. Sie sollte zu ihrem Bruder ziehen, zu ihrer Schwägerin, der besten Freundin. Vermutlich hatte sie in der Gegend noch andere Verwandte oder Bekannte von früher. Wenn ich mit ihr in Kontakt bliebe, würde ich ihr dazu raten. Mit dem Geld für das Haus würde sie sich eine schöne Wohnung kaufen können in ihrem Dorf bei Kassel. Ich fragte, ob sie sich entschlossen hätte, Maike in Köln zu begraben. Wieso? fragte Frau Anfang zurück. Wegen der Broschüre, sagte ich und deutete auf den Beistelltisch. Nein, nein, sie würden Maike in Bergneustadt begraben, erwiderte Frau Anfang, dort, wo auch ihr Mann begraben sei. Die Broschüre habe ihr der Bestatter in die Hand gedrückt. Daran hatte ich noch gar nicht gedacht: daß ihr Mann schließlich auch auf dem Friedhof in Bergneustadt war und das Grab daneben die naheliegende Endstation für den Rest der Familie. Bestimmt würde sie bei der Friedhofsverwaltung auch gleich den Platz für sich selbst reservieren; oder sie würde ihrer Tochter das Grab geben, das sie für sich beim Tod ihres Mannes ausgesucht hatte. Ich nahm an, daß man Gräber vorbestellen könne, daß das üblich sei auf der ganzen Welt. Für mich hieß das, tatsächlich nochmals nach Bergneustadt fahren zu müssen. Gut, ich würde Korinna im Auto mitnehmen, das wäre auch nett. Fragte sich nur, ob sich der Termin der Beerdigung nicht länger hinziehen werde, wenn die Leiche erst nach Bergneustadt überführt werden mußte. Dann brauchte

Frau Anfang sicher einen neuen Bestatter, einen aus Bergneustadt, womöglich sogar irgendwelche Bescheinigungen oder Genehmigungen. So ein Leichentransport war doch kein Klacks. Ob sie schon wisse, wann das Begräbnis sein wird, fragte ich Frau Anfang. Es stand noch nicht fest, aber vermutlich Anfang nächster Woche. Montag könnte es klappen. Ich möge mich bitte nicht verpflichtet fühlen, eigens für die Bestattung noch mal nach Bergneustadt zu kommen, so eine weite Fahrt. Ich hätte schon so viel für sie getan. Daß ich ihr womöglich mein Fahrrad geopfert hatte, behielt ich für mich. Ich mußte zusehen, daß ich es heute noch abholte, sonst wäre es definitiv weg. Die Verwandten aus Hessen würden sicher anreisen. Ansonsten werde sie ihre Tochter in aller Stille begraben, das sei schon in Ordnung. Alles andere würde Annette auch zuviel werden, ergänzte ihr Bruder, der neben ihr stand und wartete, um den Kuchen zu verteilen. Nachdem ich dreimal versichert hatte, daß es mir gleich sei, welchen Kuchen ich äße und alle drei Stücke großartig aussähen, entschied ich mich für Käse. Die Tage zu zweit würden die Geschwister zusammenschweißen. Das hatten sie bestimmt seit Jahrzehnten nicht mehr gehabt. Jeder würde neue Seiten am anderen entdecken, lange verschüttete, liebevolle, kindliche. Ich erinnerte mich an das, was Korinna gesagt hatte: daß der Tod zwinge, sich auf das Wesentliche zu konzentrieren, auf die Liebe. Natürlich komme ich zur Beerdigung, sagte ich, das sei doch selbstverständlich und ob ich sonst etwas tun könne für sie. Vielleicht tut es Ihnen ja auch gut, nach der Beerdigung für eine Zeit zu verreisen oder Ihren Bruder zu besuchen, wandte ich mich zu Frau Anfang. Jetzt klang die Gitarre eindeutig nach Jazz. Ich würde Frau Anfang gleich fragen, was für eine CD das war, denn im Radio würden sie so etwas Stilles, weder Jazz noch Klassik, nicht spielen. Sie antwortete, daß sie sich noch keine Gedanken gemacht habe, was danach sei. Mit *danach* meinte sie die Beerdigung. Sie könne das alles nicht begreifen. Maike sei noch so jung gewesen, so voller Tatendrang. Dann fing sie doch an zu weinen. Ihr Bruder setzte sich auf die Lehne des Sessels und drückte ihren Kopf gegen seine Brust. Das hatte ich nicht erwartet. Frau Anfang schneuzte sich in seinem Arm. Wieso habe sie nicht zuerst sterben können, schluchzte sie. Das Taschentuch mußte sie in der Hand gehalten haben, denn an dem Kleid war keine Tasche, und bevor sie das Wohnzimmer betreten hatte, lag auf dem Sessel kein Taschentuch. Das hätte ich gesehen. Wenn sie schon mit einem Taschentuch in der Hand durch die Wohnung lief, konnte sie noch nicht über den Berg sein. Bestimmt hatte sie sich frisch gemacht, als ich an der Tür geklingelt hatte, oder nein, sie hatte mich schon vom Fenster aus gesehen und war dann ins Badezimmer geeilt. Deshalb hatte sie es ihrem Bruder überlassen, die Tür zu öffnen, nicht wegen des Kaffees. Wie gut, daß er jetzt da war. Ich hätte sie nicht in den Arm nehmen können, wie sie es brauchte. Ich stand ihr zu fern, ihr, Maike Anfang, sogar Korinna, von dem Freund gar nicht zu sprechen. Was konnte ich schon tun? Wenn sich mein Verdacht bestätigen sollte, wäre der Gitarrist ein Volltreffer fürs Festival und hätten sich die 1200 plus 64,8 Kilometer schon deshalb fast gelohnt, abgesehen von Maike Anfangs Mutter oder vielleicht doch noch Korinna. Frau Anfang schneuzte sich noch einmal fest, tupfte sich die Tränen mit dem rechten Handrücken ab und rückte dann vor an den Sesselrand. Ihr Bruder ließ sie los, blieb aber vorerst auf der Lehne sitzen. Schöne Musik haben Sie da, sagte ich. Nach der Musik hätte ich auch später fragen können, aber etwas mußte ich sagen, und mir fiel nichts anderes ein. Womöglich würde es Frau Anfang ablenken oder ihr zumindest ermöglichen, das Gespräch wieder aufzunehmen, das Thema zu wechseln. Die ist von Maike, sagte Frau Anfang. Ihre Tochter hatte sie ihr beim letzten Besuch in Bergneustadt geschenkt, vorletztes Wochenende, ohne Anlaß, wie Frau Anfang bemerkte. Seit ihrem Tod höre sie immer nur diese eine CD. Ja, die sei sehr schön, bestätigte ich. Sie höre gern eher ruhige Sachen. Ihre Tochter habe sie mit CDs versorgt, auch mit Büchern. Sie lese gern. Sie selbst habe ja keine Ahnung, was sie kaufen solle. Sie wußte auch nicht, was für eine Musik es war, die gerade lief. Inzwischen war die Gitarre elektrisch. In dem Wohnzimmer sah ich keine Bücher, nur eine aufgeschlagene Fernsehzeitschrift unter dem Ratgeber der Stadt Köln, das Programm von Samstag, dem 9. Juli. Klar, daß Frau Anfang seit Samstag nicht mehr ferngeschaut hatte. Den Stapel oder das Regal mit den Büchern ihrer Tochter hatte sie vermutlich oben im Schlafzimmer. Vielleicht hatte Maike Anfang gelegentlich bei ihr in Bergneustadt übernachtet, in der anderen Hälfte des Doppelbettes. Von jetzt an würde sich kein Mensch mehr je neben Frau Anfang legen. Ich hoffte noch auf ihren Bruder. Andererseits hatte das Haus mit Sicherheit ein Gästebett. Bevor ich mich verabschiedete, um Daniel den Schlüssel zu bringen, würde ich mich noch mal nach der CD erkundigen. Ich würde Frau Anfang bitten, die Hülle sehen zu dürfen. Maike Anfang hatte die Musik ausgesucht.

9

Während sie sprach, überlegte ich, welche Bemerkung es gewesen war, die Korinna auf das Thema gebracht hatte. Es war definitiv unpassend, viel zu intim für ein Geschäftsessen, aber vertretbar, absolut vertretbar. Auch Margarita Lider zog sofort die fein geschnittenen Augenbrauen zusammen und schaute Korinna ernst, wenn nicht erschrocken an, mit halbgeöffnetem Mund. Ein Dummchen war sie nicht, dabei absolut ansehnlich – *ansehnlich,* wie der Gerichtsmediziner die Leiche nicht gefunden hatte, ging mir durch den Kopf. Ihr fehlten die Erfahrung und gewiß der Ernst von Maike Anfang, nicht nur weil sie jünger war, allenfalls Mitte zwanzig, eher weniger, vermutlich sogar jünger als Stefanie, die es sich jetzt längst mit ihrem Freund vor dem Fernseher gemütlich gemacht haben dürfte. Es war Hauptsendezeit, als Korinna von der alles beherrschenden Angst sprach, das Leben zu verlieren. Ich war ein bißchen wütend auf sie gewesen oder nicht wütend, genervt, ernüchtert, ja, ernüchtert ist das richtige Wort, ich war ernüchtert ob ihres Pragmatismus. Dabei hatte ich sie schon vorher für verdammt abgebrüht gehalten. Dies aber war eine andere Liga, das hatte ich auf den ersten Blick erkannt: Daß sie an unserem ersten Abend – und ich hatte eigens den Sommer in Cadaqués unterbrochen, tausendzweihundert Kilometer, wenn man das zusammenrechnet, hin und zurück, von den Kosten will ich gar nicht mehr reden –, daß sie an unserem ersten

Abend nach Maike Anfangs Tod deren Nachfolgerin im Schlepptau hatte, fand ich pietätlos. Zugegeben, vielleicht schwang in meiner Empörung eine Regung Enttäuschung darüber mit, daß Korinna weder meines Mitgefühls bedurfte noch die Bedeutung meiner Rückkehr würdigte. Ich war doch wegen Maike Anfang und zugleich für Korinna gekommen, um dazusein, nicht wegen irgendwelcher Geschäfte. Mir fiel ein, daß Korinna gar nicht wissen konnte, weswegen ich nach Köln zurückgekehrt war. Ich hatte es nicht erwähnt. Sie hatte nicht gefragt. Entweder war es für sie offenkundig oder ausgeschlossen, daß ihre SMS mich nicht hatte schlafen lassen oder nur bis 3:23 Uhr, um genau zu sein. Margarita Lider, die im zweiten Satz akzentfrei betont hatte, Spanierin zu sein – als ob mich ihre nichtdeutsche Herkunft hätte beeindrucken oder mir das Gefühl der Zusammengehörigkeit geben können, bei mir hatte sie von vornherein verschissen –, Fräulein Lider, wie ich sie im Geist schon spöttisch nannte, konnte nichts für die Überstürztheit, mit der Korinna sie eingeteilt hatte, an Maike Anfangs Stelle die Abschiedsfeier für Patrick Boger zu betreuen. Sollte mich die Attraktivität meiner neuen Kollegin über den Tod der alten hinwegtrösten, mit der ich mich erklärtermaßen gut verstanden hatte? Für ausgeschlossen hielt ich es nicht, daß Korinna solche Rücksichten nahm. Vor allem war sie natürlich am Erfolg ihrer Arbeit interessiert. Das ist kein Vorwurf, weil bei mir nicht anders. Immerhin hatte sie außerdem das Wohlergehen ihrer Mitmenschen im Blick, wie sich auch an der Sorge um deren Abschiede zeigte. Das schätzte ich an ihr. Dennoch wäre ich am liebsten durch den Hinterausgang geflüchtet, als ich an der Tür zum Innenhof des Restaurants ihre Begleitung entdeckte. Das ging zu weit. Es war Mittwoch, der 13. Juli 2005, 20:08 Uhr, wie ich mit einem ostentativen Blick auf das Handy feststellte, drei Tage, zwei Stunden, sechsunddreißig Minuten nach der Mitteilung von Maikes Tod, wie ich ausrechnete – zu früh, um zu besprechen, wie unser Projekt ohne sie weitergeht. Es hätte gereicht, wenn wir deswegen in den nächsten Wochen telefoniert hätten. Korinna hätte mich noch einmal in Cadaqués besuchen können, das wäre schön gewesen und finanziell kein Problem für Ford. Jetzt würde ich das Handy, das auf der blütenweißen Tischdecke lag, nicht mehr wegstecken, geschweige denn abschalten, nicht für Korinna. Jetzt würde auch ich bei den Geschäften bleiben. Andererseits: Wenn ich schnippisch wäre, brächte Korinna das kaum mit meiner Pietät in Verbindung, sondern würde meinen, ich sei in sie verliebt. Vielleicht hatte sie das Fräulein Lider gar nicht wegen der Abschiedsfeier mitgebracht, sondern um nicht mit mir allein zu sein. Verprellen durfte sie mich schließlich nicht. Wenn ich ein Abendessen vorschlug, sollte sie sich nicht verweigern, sonst würde die Chemie nicht mehr stimmen in unserer Zusammenarbeit. Sie mußte sicherstellen, daß ich begeistert bliebe. Das war Korinnas Beruf und ihr Talent: Leute zu begeistern. Das lebte ihr Patrick Boger vor. Hey, das ist ja ein schöner Hof zum Essen, ging ihr mit Sicherheit durch den Kopf, als sie die ungewohnt hohen Absätze in den Kies tackerte. Ja, hätte ich ihr antworten können: reserviert für Dates mit besonderen Damen. Statt dessen erinnerte ich mich an die Begeisterung von Maike Anfang. Zuerst hatte ich das kaum glauben können: Mannschaftssport, Umkleidekabinen, am Wochenende Auswärtsspiele, Vereinsleben. Ich meine, ich respektiere Ballsportarten aller Art, aber ich finde sie lächerlich und kann nichts mit denen anfangen, die sie betreiben. Zusätzliche Bonuspunkte kriegte Maike Anfang mit ihrem Hobby ebensowenig wie mit ihrem Freund, dem Hünen. Dorf und Haus der Mutter zählten nicht. Der zugegeben nette Onkel, vor allem aber die CD fügten dem Bild etwas Positives hinzu. Viel war das nicht für einen Tag, gestand ich mir ein, während ich mich erhob, um Korinna und ihre Begleitung zu begrüßen. Aber es war wahrscheinlich mehr, als ich je in dem Stall entdecken könnte, aus dem Korinna dieses Täubchen hervorgezaubert hatte. Wie könnte ich nur herausfinden, was das für eine Musik gewesen war? Frau Anfang hatte mir das nicht beantworten können, und auf der selbstgepreßten CD, die ihr Bruder am Ende meines Besuchs eigens für mich aus dem CD-Player geholt hatte, stand nur *Für Mama, in Liebe, von ihrem Engelchen.* Der Satz war intim und doch wieder nicht ganz, irgendwie auch Standard – wie wenn man eine Frau aus Versehen in Strumpfhose sieht, nicht weiter schlimm, aber unpassend. Zugleich hatte ich mich über die zärtliche Vertrautheit gefreut, die der Satz signalisierte. Es ist immer gut, wenn Kinder zärtlich zu ihren Eltern sind. Das meine ich in vollem Ernst. In meiner Generation geschieht das noch viel zu selten. Gut, ich würde bei meiner Mutter auch nicht mit einem Kosenamen unterzeichnen (schade eigentlich). Eine CD würde ich ihr schon pressen (allerdings würde ich ihren Geschmack kaum treffen). Ich würde später Korinna nach der Musik fragen, nahm ich mir vor, vielleicht daß Maike Anfang die CD von der Arbeit her gekannt hatte. Im schlimmsten Fall war es der Soundtrack einer Autowerbung. Vor drei Jahren war Korinna von einem Typen überfallen worden. Obwohl sie das Wort selbst vermied, bestanden kaum Zweifel, daß sie von einer

Vergewaltigung sprach oder jedenfalls dem Versuch einer Vergewaltigung. Soweit ich zunächst heraushörte, war es dem Typen nicht gelungen. Ich konnte schlecht nachfragen. Sie würde schon erzählen, was sie zu erzählen bereit war. Verdammt, wie war sie darauf zu sprechen gekommen? Korinna hatte erzählt, daß sich am morgigen Donnerstag alle Mitarbeiter ihrer Abteilung versammeln würden, um Maike Anfangs noch einmal feierlich zu gedenken. Sie hatte das initiiert. Üblich war es nicht. Sogar Patrick Boger würde versuchen zu kommen, wenigstens kurz, auch zwei, drei andere aus dem Vorstand, soweit sie sich gerade in Köln aufhielten. Das Täubchen hatte hinzugefügt, daß sie morgen im Stadtanzeiger eine Traueranzeige geschaltet hätten. Das würde sie schon alle sehr beschäftigen, hatte sie gesagt. Ja, mich auch, hatte ich erwidert. Dann hatten wir alle drei geschwiegen, bestimmt eine Minute. Es war gut gewesen, daß Korinna von der Trauer um Maike Anfang nicht zu Bogers Abschiedsfeier zurückgekehrt war, für alle eine Erleichterung, glaube ich. Vielleicht hatte sie selbst den Fehler eingesehen, Fräulein Lider mitgebracht zu haben. Ich hatte überlegt, wie wir sie nach Abschluß des Geschäftstermins loswerden könnten. Korinna sah heute glänzend aus – die elegante Variante mit Stöckelschühchen und kurzem Rock stand ihr besser als die bemühte Nonchalance. Dazu die Haare, die sie nach hinten gesteckt hatte – glänzend, eindeutig glänzend. Ich würde es ihr hinterher sagen, sobald (und sofern) wir allein wären. Fräulein Lider war bemüht gewesen, nichts zu sagen oder zu zeigen, was unangebracht gewesen wäre. Sicherheitshalber hielt sie einfach den Mund. Und ja, das war es, unser Schweigen, das Korinna darauf gebracht hatte, daß sie das Leben anders sehe, seit sie vor drei Jahren von einem Mann mit einem Messer bedroht worden war. Das sagte sie ohne Vorlauf, ohne Anlaß, ohne Grund, irre, aber vertretbar, wie gesagt. Der Mann habe sie in einen Hauseingang gezerrt und ihr das Messer an den Hals gehalten. Ihr ganzes Leben sei an ihr vorübergezogen, wie im Film. Davon hatte ich auch schon gehört, daß bei einem Unfall die Erinnerung zurückspult an den Anfang. Aber plötzlich ein Messer an der Kehle zu spüren ist natürlich noch etwas anderes als ein Unfall, ganz klar. Hast du in dem Augenblick gebetet? rutschte mir heraus. Nein, sagte Korinna, ich hatte keine Zeit zu beten. Das sei wahnsinnig schnell gegangen (so schnell und überraschend, wie sie auf den Überfall zu sprechen gekommen war, fiel mir ein). Sie habe nur wahnsinnige Panik gespürt und daß sie nicht sterben wollte. In dem Augenblick habe sie nur gedacht, daß der Mann alles mit ihr machen könne, wenn er sie nur am Leben ließ. Sie habe nur leben wollen, leben leben leben. Korinna selbst wiederholte das Wort dreimal. Und gleichzeitig sei der Film an ihr vorübergezogen. In den letzten Tagen habe sie so oft an diese Szene denken müssen, sagte sie – wie schnell das gehen könne, wie zerbrechlich alles sei, Wahnsinn. Zack, fügte ich in Gedanken hinzu, zack, und du bist ausradiert. Daß der Mann mit der anderen Hand an ihre Brust griff (es ging also wirklich um Vergewaltigung, verstand ich), habe sie gleichgültig gelassen, ebenso sein Atem, der nach Alkohol roch. Sie habe nur auf das Messer geachtet. Mein Handy meldete sich mit dem Grunzen, das den Empfang einer SMS anzeigt. Es lag noch immer auf dem Tisch und schüttelte sich auch kurz. Scheiße, dachte ich, nicht jetzt. Es tat mir leid. Wenn es geklingelt hätte, hätte ich den Anruf wegdrücken können. Bei einer SMS hingegen kann man nicht einmal den guten Willen zeigen. Die Störung ist da. Alle schauen hin. Du hast eine SMS, sagte Korinna, wahrscheinlich erleichtert, das Thema zu wechseln. Mir fiel nichts Besseres ein, als ja zu erwidern, kein Problem. Natürlich war es ein Problem. Natürlich ließ ich das Handy liegen. Und dann? fragte Fräulein Lider. Nichts, sagte Korinna: Jemand habe oben im Flur Licht angemacht und sei die Treppe heruntergekommen. Der Mann sei sofort aus dem Haus gerannt. Sie sei auf den Boden gesackt. Dort sei sie von der Frau, die das Licht angeschaltet hatte, entdeckt worden. Eigentlich sei gar nichts passiert, nur der Schock, der hänge ihr nach. Im nachhinein sei die Situation nicht so dramatisch gewesen. Daß der Mann sie wirklich umgebracht hätte, das würde sie nicht annehmen. Das mache man anderswo, nicht wenn jeden Augenblick jemand die Treppe runterkommen oder das Haus betreten könnte. Er habe sie erschrecken wollen, einschüchtern, begrapschen (Macht ausüben, dachte ich). Aber in dem Augenblick denkst du nicht an so etwas, sagte Korinna. Du denkst nur an das Messer. So wie du das schilderst, war es gefährlich, sagte ich. Sie könne es nicht mit Bestimmtheit sagen, erwiderte Korinna. Im Gefühl habe sie, daß der Typ nicht zugestochen hätte. Aber er war doch betrunken, beharrte ich, wer weiß? Korinna zuckte nur mit den Schultern. Es war schon irritierend, daß Korinna so etwas Persönliches erzählte, aber das ist eben so, wenn jemand stirbt. Das ist keine normale Situation. Damit muß man erst mal zurechtkommen. Das ist wie mit den Polizisten oder der Frau an der Rezeption des Gerichtsmedizinischen Instituts: Man fühlt sich miteinander verbunden, menschlich, meine ich, dem Alltag irgendwie entrückt. Die Fremdheit ist für einen Augenblick aufgehoben, so daß man Dinge sagt und tut, die unter gewöhnlichen Umständen zu intim wären oder zu zärtlich, ja zärtlich. Auch Fräulein Lider nahm die ernste Wendung wahr, die unser Geschäftsessen genommen hatte, bevor wir überhaupt bestellt hatten. Sie schien ein bißchen bleich geworden zu sein. Vielleicht bildete ich mir das auch nur ein. Sie war schon in Ordnung, nur nicht mein Typ. Aber wir würden schon zurechtkommen. Korinna hingegen war mir in dem Augenblick näher denn je. Ohne Scham hatte sie genau das offengelegt, was sie bewegt und neuerlich erschüttert hatte, während wir schwiegen. Ich fand das super, das Gegenteil von abgebrüht. Korinna hatte solche Momente auch vorher schon gehabt, immer wieder mal, wenn sie ihre Traurigkeit gestand, das Ungenügen, das sie mit sich und ihrem Leben in der Kommunikation und Öffentlichkeit empfand. Allein, solche Stimmungen hat jeder und geben die meisten zu, wenn man mit ihnen allein ist. Bei Geschäftspartnerinnen gehört Ungenügen beinah zum guten Ton eines privaten Gespräches – als Zeichen dafür, daß es privat geworden ist. Ich kitzele es auch hervor. Es beruhigt mich zu sehen, daß hinter der Fassade etwas ist, selbst wenn es genau betrachtet nichts ist, nur die übliche Wehleidigkeit, die mich an mir selbst langweilt. Das hier aber war existentiell. Von der eigenen Vergewaltigung zu sprechen in einer beinah öffentlichen Situation (ich hatte nicht den Eindruck, als wäre das Täubchen eine Freundin wie Maike Anfang), erforderte Mut oder war von solcher Unmittelbarkeit, daß ich Korinna am liebsten in den Arm genommen hätte, sie zu streicheln, zu trösten und ihr danke zu sagen. Ich habe eine nicht so gute Nachricht, sagte sie. Sie wollte das Thema wechseln, ganz klar. Das mußten wir respektieren. Ins Bett bekommen würde ich sie heute nacht nicht mehr, nicht nach so einer Geschichte. Das mußte ich ebenso respektieren. Was denn? fragte ich. Sofort tippte ich darauf, daß jemand aus dem Vorstand Einwände gegen mein Konzept erhoben hatte, wahrscheinlich weil es zu unkonventionell war, zu leutselig, zu viel Rock 'n' Roll. Es gebe Probleme, sagte Korinna. Was denn für Probleme? wollte ich wissen. Es konnte nur so ein Apparatschik sein, so ein scheißdeutscher Beamtenfuzzi, dem das Konzept nicht gefiel. Korinna schaute mich an, als müsse sie mich gleich entlassen. Jetzt erschrak ich doch, immerhin war es ein großer Auftrag. Gut, der Vertrag war schon unterschrieben, aber mir lag auch an der Sache selbst. Wie ich das Programm angelegt hatte, könnten wir es auf eine Seite 3 in der Süddeutschen Zeitung bringen oder mindestens auf eine Story in der Bunten. Ein abgebrochenes Projekt hingegen macht sich nie gut. Das spricht sich herum. Sie könnten die Abschiedsfeier für Patrick Boger nicht so aufwendig machen, fuhr Korinna fort. Nicht so aufwendig? Ja, antwortete Korinna, sie müßten ein bißchen bescheidener bleiben. Wegen des Todesfalls, dachte ich spontan und fragte nach dem Grund. Korinna blies die Backen auf und ließ die Luft entweichen. Dann runzelte sie die Stirn. Sie hätten diese Woche vom Vorstand erfahren, daß im Herbst eine umfassende Sanierung verkündet würde, mit dem Wegfall von mehreren tausend Arbeitsplätzen, darunter vielen in Köln. Da könnten sie im November kein rauschendes Fest veranstalten. Sie hatte natürlich recht: Wenn so viele Menschen ihren Job verlieren, verbietet sich eine pompöse Feier. So pompös wollte ich es zwar gar nicht haben, aber durchaus spektakulär und öffentlichkeitswirksam, mit Einfällen, die unvergeßlich blieben. Das funktionierte jetzt nicht, ganz klar. Auch das gebot der Respekt. Gibt es denn auch betriebsbedingte Kündigungen? fragte ich. Ich hatte gedacht, daß die großen Konzerne es nach Möglichkeit vermieden, ihre Leute auf die Straße zu setzen, allein schon, um keinen Konflikt mit der Gewerkschaft zu riskieren. Das sei noch nicht raus, antwortete Korinna. Das hänge von den Gesprächen mit der Gewerkschaft ab, die jetzt bald einsetzten. Der Gewerkschaft sei es doch gleichgültig, ob Jobs neu besetzt würden oder nicht, meinte ich: Die verträten ohnehin nur jene, die bereits auf einer Arbeitsstelle hockten, Besitzstandsdenken, Spießertum. Korinna zuckte wieder mit den Schultern. Es sei eine sehr sehr traurige Situation, die alle sehr bedrücke, machte Fräulein Lider sich sehr bemerkbar. Euch vielleicht, dachte ich: Herrn Boger und seinen Apparatschiks ist das genauso gleichgültig wie den Gewerkschaften – na, dann werden wir seinen Abschied eben im kleinen Kreis feiern. Die Seite 3 könnte ich mir dann natürlich aus dem Kopf schlagen – egal, bei Tausenden Entlassungen relativieren sich die eigenen Probleme, auch sie eine andere Liga. Ich hätte vermutet, daß es Ford vergleichsweise gutgehe, sagte ich: Diese kleinen Kas sehe man doch überall. Bei denen sei die Gewinnmarge minimal, erklärte Korinna, der Absatz außerdem rückläufig. Ihr Problem sei ohnehin die Mittelklasse, also genau die Autos, die in Köln produziert würden. Gut, wenn ich einen Mittelklassewagen kaufen wollte, käme ich auch nicht auf Ford, überlegte ich. Der Ka war ganz witzig, noch dazu als Cabrio, aber diese größeren Fords – ich konnte mich nicht einmal erinnern, wie sie aussahen oder hießen. Die haben ein echtes Imageproblem, dachte ich. Fiel das nicht in den Aufgabenbereich von Korinnas Abteilung? Dann hätte sie vielleicht auch ein persönliches Problem, obwohl ihr niemand die Schuld geben konnte, daß ihr Konzern langweilige Autos produziert. Und was heißt das für uns? fragte ich. Wie gesagt, daß wir die Abschiedsfeier abspecken müssen, antwortete Korinna. Stimmt, das hatte sie bereits gesagt. Sie selbst fühle sich verarscht, weil sie, die alles gebe für den Konzern, täglich mit ansehe, für welchen Müll man Geld ausgebe – und jetzt so etwas. Manche Leute im Vorstand seien schlicht und ergreifend unfähig – wehe, wenn jemand anfinge zu recherchieren, dann wäre die Kacke am Dampfen. Ich stellte mir irgendwelche Bordellgeschichten vor wie bei VW, fragte jedoch nicht nach, welche Skandale Korinna mit der Andeutung meinte. Ohnehin wunderte ich mich mehr über die Wendung in ihrer Sprache. So vulgär hatte ich sie noch nie gehört. Ich fand es in Ordnung, daß sie es zuließ – angesichts einer solchen Situation muß man die Gefühle einfach fließen lassen. Fräulein Lider nickte. Statt Bonuspunkte einzufahren mit einer begeisternden Abschiedsparty für den begeisterten Patrick Boger, stand dem Geschäftsbereich Kommunikation und Öffentlichkeit ein Herbst voller Hiobsnachrichten bevor. Und dein Patrick Boger? fragte ich. An ihm habe es nicht gelegen, soweit sie das beurteilen könne, aber ganz durchschauen würde sie es natürlich nicht. Da sei einfach ein unheimlicher Kostendruck, speziell in Deutschland, und das Mutterhaus sitze ihnen im Nacken. Ich hätte es richtig gemacht. Am liebsten würde sie auch in so ein Cadaqués fliehen, einen kleinen Laden aufmachen oder ein Restaurant. Korinna nahm ich ab, daß sie sich um die Menschen sorgte, denen die Arbeitslosigkeit bevorstand. Gut, daß Maike Anfang das nicht mehr erleben mußte, ging mir durch den Kopf. Ob er die Bestellung entgegennehmen dürfe, fragte der Kellner, dabei mußte er bemerkt haben, daß wir noch nicht einmal in die Speisekarten geschaut hatten. Nein, noch nicht, fauchte ich ihn an und kippte meinen Pastis hinunter: Noch einen bitte. Die Gläser von Korinna und dem Fräulein Lider waren noch halb voll. Boger werde alles daransetzen, betriebsbedingte Kündigungen zu vermeiden, sagte Korinna, diesmal zu ihrer jungen Kollegin gewandt. Ob sie doch etwas mit ihm hatte? Das glaube ich auch, meinte Fräulein Lider: Boger habe gewaltige Umstrukturierungsmaßnahmen durchgeführt, und zwar erfolgreich durchgeführt – da werde er sich nicht mit Massenentlassungen verabschieden wollen. Das Wort *Umstrukturierungsmaßnahmen* klang obszön in ihrem Mund, wie nachgeplappert. Wenn Korinna nicht dagewesen wäre, hätte sie wahrscheinlich auch noch betont, daß Boger den Konzern fit gemacht habe für die Zukunft. Korinna sollte sie gleich nach dem Essen in ein Taxi setzen zu Mama. Ich wollte allein sein mit Korinna, was immer sich daraus entwickelte. Sie war ehrlich heute, das entsprach meiner Stimmung. Immerhin saßen wir hier, weil jemand gestorben war. Das ist eine harte Woche für dich, sagte ich zu Korinna, erst das mit Maike Anfang, dann die Nachricht aus dem Vorstand. Ja, es kommt immer alles zusammen, sagte sie und nahm die Speisekarte. Fräulein Lider tat es ihr nach. Ich nahm das Handy, um die SMS zu lesen: *Bist du in köln? Natascha*

10

Maike Anfang hatte jetzt auch die Augen zu, nur daß sie sie nicht mehr öffnen würde. Das war wahrscheinlich der ganze Unterschied. Aber was ging dahinter vor, hinter den Augen? Nichts? Gut, hinter den Augen sicher nichts, das hätte sich wahrscheinlich sogar wissenschaftlich beweisen lassen, Nervenströme et cetera. Das verfiel ja auch alles, der Körper, der vergeht. Selbst die Augen? Sicher, oder hatte ich schon einmal ein Skelett mit Augen gesehen? Wenigstens würden sich die Augen länger halten als Muskeln und Innereien. Das machte es auch nicht appetitlicher: Augäpfel ohne Lider und Wimpern, in der Form von Äpfeln eben, wie das Wort schon sagt, längs geschnitten, oder nein, rund, wenn ich mich richtig erinnerte, wirklich rund, rund wie Äpfel. Aber wo blieben dann die Wimpern? Wimpern waren doch Haare, die blieben ein Weile. Würden sie abfallen, sobald keine Haut mehr da wäre, in der sie wurzeln? Verdammte Hacke, war das makaber, ekliger als Zombies, weil real. Maike Anfang lag jetzt in diesem Kühlfach, bereits mit den Spuren eines warmen Kölner Sommertags am Körper und in Wartestellung, um endgültig zu verfaulen. Von Natascha, Korinna oder mir unterschied sie sich nur darin, eine Position weiter nach vorne gerückt zu sein. Ich konnte mich nicht von der Vorstellung des Kühlfachs losreißen, in dem Maike Anfang nach menschlichem Ermessen nicht fror. Herr Haubner hatte gesagt, daß der Bestatter die Leiche heute morgen aus der Gerichtsmedizin abgeholt hatte, ungefähr zu der Zeit, als ich in Bergneustadt gewesen war. Also lagerte Maike Anfang in diesem Moment irgendwo in der Nähe des Kölner Hauptbahnhofs, vermutlich im Keller des Bestattungsinstituts. Für die Beerdigung hatte ihre Mutter einen Termin am Montag erhalten, was bedeutete, daß Maike Anfang noch eine Fahrt auf der A4 vor sich hatte, etwa sechzig Kilometer, und ich noch fünf Tage in Köln. Selbst die Knochen lösten sich auf, dauerte nur länger. Wie lange wohl? In Deutschland werden Gräber nach fünfzehn bis zwanzig Jahren freigegeben, sofern man ihre Nutzungsdauer nicht verlängert, hatte Korinna gesagt. Daß einer ihrer Angehörigen bereits gestorben war, hatte sie nicht erwähnt. Zwanzig Jahre – das hieß doch wohl, daß nach zwanzig Jahren nichts mehr übrig ist, nichts als Staub. Man würde wohl kaum die Knochen aufsammeln, wegkehren mit einem Besen, um Platz zu schaffen. Man mußte sich also aufgelöst haben. Und der Staub? Der war etwas, nicht nichts. Selbst Luft war etwas. Selbst die Leere war etwas. Wir konnten nicht nichts werden. Fragte sich nur, wo wir blieben. Es war unmöglich, daß wir einfach aufhörten. Was war also hinter den Augen? Hinter Nataschas Augen, die neben mir leise schnarchte, waren Träume, banales Zeug, von ihrer Arbeit, ihren Eltern, ihren Freundinnen, von mir, ihrem vorigen Typen oder dem nächsten. Maike Anfangs Augen interessierten mich mehr. Ich malte mir aus, wie ich in das Bestattungsinstitut einbräche, um zu ihr in die Kühlkammer zu kriechen und in ihren Schädel zu blicken. Ja, ich hätte ihren Schädel mit einem Skalpell aufgeschnitten (wie ein Grabschänder, nur ohne Grab, einer von der schnellen Sorte, mit Bergarbeiterlampe und Handschuhen), ich hätte den Schädel durchgeschnitten, aufgeklappt und hineingeschaut. Aber da wäre nichts gewesen, nur Blut, Gehirn und dergleichen, Materie. Ich hätte einen steifen Nakken bekommen, weil es so eng gewesen wäre und kalt. Hinterher hätte ich mir einen Tee gemacht in der Teeküche des Bestattungsinstituts, mit einem Teebeutel, den ich mitgebracht hätte. Die letzten Nächte hatte ich gut geschlafen, normal. Heute nacht würde mir das nicht mehr gelingen, das sah ich schon. Ich schaltete die Leselampe an. 2:28 Uhr auf dem Funkwecker Nataschas, die mir ihren offenen Mund hinhielt; Donnerstag, 14. Juli 2005, 21.4 Grad Celsius, Weckzeit 7:43 Uhr. Weil der Wecker kein Klingelzeichen anzeigte, schloß ich, daß Natascha morgen keinen Dienst hatte. Ich schaute mich nach einer Flasche Mineralwasser um. Auf dem Nachttisch war nur der Wein. Wenn es vorhin richtig abgegangen wäre, hätten die Gläser jetzt auf dem Boden gelegen. Die Weinflecken oder Scherben wären gleichgültig gewesen, so stellt man sich das vor. So war es auch ein-, zweimal bei uns gewesen. Bei dem Lärm würde ich definitiv nicht mehr einschlafen können. Es ist nicht die Lautstärke. Es ist der bloße Umstand, daß jemand schnarcht, während man selbst wacht. Das ist tödlich, na ja, nicht tödlich, sondern das Gegenteil, man bleibt eben wach. Als der Abend nach dem Geschäftsessen keine Fortsetzung gefunden hatte (Korinna hatte irre viel zu tun wegen der Entlassungen, dazu die Andacht morgen früh, für die sie verantwortlich war, und sie war auch nicht gut drauf, wie sie sagte, das verstand ich natürlich, wie lang ich in Köln bliebe?, auf jeden Fall bis zur Beerdigung, schön, dann sehen wir uns ja noch auf alle Fälle, Margarita bleibt mit dir in Kontakt, ja, wunderbar, mach's gut, war schön, ja), hatte ich Natascha angerufen. Schnell waren wir uns einig gewesen, daß ich noch auf einen Wein bei ihr vorbeischaute. Ich meine, wenn sie mir schon eine SMS schickt, muß ich kein schlechtes Gewissen haben. Die Verhältnisse zwischen uns waren klar, da war nichts mehr, darauf konnte man aufbauen. Sie hängt noch an mir, in Ordnung, aber ich mag sie auch. Sie hatte mich nur genervt am Schluß, die unausrottbare Eifersucht, dazu das Schnarchen. Vor dem Schnarchen war es gewöhnlich ganz gut gelaufen, nicht so kompliziert wie mit deutschen Frauen, Künstlerinnen und Kulturtussis vor allem, die sich schämen, sexy zu sein, und es also nicht sind. Natascha war lediglich mit meiner Weigerung, mich festzulegen, nicht zurechtgekommen. Für sie war es logisch gewesen, daß ich es bin für ewig. Na gut, sie sagte das nicht so, aber ich spürte, daß sie es dachte. Erwogen hatte ich, mich darauf einzulassen. Allein, es wäre eine Frage der Zeit gewesen, bis wir dem Club der kaputten Ehen beigetreten wären – allenfalls daß wir uns mit Swinger-Partys Trost verschafft hätten, Erleichterung, Erfrischung, Bestätigung, was immer man dort findet. Als Exoten hätten wir geglänzt. Jeder Deutsche möchte mal eine Orientalin ficken, noch dazu, wenn sie kostenlos ist. Die Gattin würde derweil ihrer Neugier auf einen echt muslimischen Terrorschwanz nachgehen dürfen, vollkommen gefahrlos, versteht sich, weil man den Bombengürtel ja am nackten Körper sähe. Ich war noch nie im Swinger-Club, ich nehme das nur an, daß man dort nackt an der Bar anstößt. Pornos schaue ich mir nicht an, das ist mir zu blöd. Ich halte mich lieber an die Realität, grundsätzlich. Daß es mit meinen Grundsätzen nicht weit her ist, davon zeugt meine Neigung zum Disneyland für Individualisten. Dabei hatte es viel gegeben, was Natascha und mich verband, nicht nur Iran und Sex, ebenso der Wunsch, Kinder in die Welt zu setzen. Ich hatte nur nicht einsehen wollen, daß es eilte. Am Ende war sie durchgedreht und hatte mir eine Szene gemacht wegen weiß schon nicht mehr warum. Ich war auf dem Absatz umgekehrt. Das war's, in nuce. Weder war es ihr um weiß nicht mehr warum gegangen noch mir um die Szene. Es war für beide eine Gelegenheit gewesen, adieu zu sagen, oder *chodâ hâfez,* wie es bei uns heißt, Gott mit dir. Seitdem hatte ich sie nicht mehr gesehen. Sie hatte noch zwei, drei Mal gesimst, ich hatte noch zwei, drei Mal angerufen – oder umgekehrt. Keiner hatte ein Treffen vorgeschlagen, nur abgewartet, ob der andere es täte. Heute abend hatte ich dann nicht lang gefackelt. Hi, wie geht's gut danke dir auch gut danke bist du zu Hause ja dann schau ich mal kurz vorbei o.k.? ja o.k. soll ich wein mitbringen nee hab ich da o.k. bis gleich ja bis gleich freu mich *chodâ hâfez chodâ hâfez.* Sie hatte die SMS geschickt, also was soll's? Früher auf den Single-Partys ging es auch nicht romantischer zu. Mittlerweile vermied ich die einsamen Herzen schon deshalb, um mich nicht den Blicken auszusetzen: ein Araber. Die Mauer des Mißtrauens brach zwar angesichts der bleichen Konkurrenz schnell ein – aber hatte ich das nötig? Sollen sie sich eben mit einem Blondschwanz zufriedengeben, wenn sie in jedem Araber den Terroristen fürchten. Dabei bin ich überhaupt kein Araber, nicht einmal Türke. Mit Natascha hatte ich die Probleme nicht, das war schon mal ein Vorteil. Da mußte ich nicht erst beweisen, normal zu sein. Andere Vorteile hatte Natascha auch: sah ordentlich aus, ehrlich, geradezu klug im Vergleich zu den einsamen Herzen, und im Bett eben, wie gesagt – eigentlich nicht schlecht. Keineswegs sicher, ob ich eine Passendere fände, war mir durch den Kopf gegangen, als ich zu ihr ging, zu Fuß, denn sie wohnte nicht weit vom Restaurant, in dem ich Korinna und ihre Kollegin getroffen hatte. Vielleicht sollte ich doch die Südstadt verlassen, als Symbol für mich selbst sozusagen, Aufbruch, Stufen, Zauber. Nataschas Wohnung in der Nordstadt wäre allerdings zu klein für uns beide. Von dem Häuschen in Hürth oder Bensberg, auf das sie zusteuerte, würde ich sie schon abbringen können. Wir könnten uns auf Bayenthal einigen oder meinetwegen Klettenberg, wird schon nicht so schlimm sein, und wenn doch, fahre ich zur Arbeit nach Cadaqués. Als ich ihren Slip auszog, sagte ich, daß ich keine Kondome dabeihätte. Ich hätte, lächelte ich, nicht ahnen können, daß ich sie noch treffe. Sie behauptete, ebenfalls kein Kondom zu haben. Beides war Lüge, aber egal. Es war geradezu innig: Sie wußte, daß ich in meiner Geldbörse immer zwei, drei Kondome mit mir trug. Ich wußte, wo sie die Schachtel mit den Kondomen aufbewahrte, und beide wußten wir, daß der andere es wußte. Genau betrachtet, kam es einem Ja-Wort gleich. Sie hatte mir natürlich voraus, berechnen zu können, ob sie überhaupt empfänglich war. Insofern hatte möglicherweise nur ich mein Ja-Wort gegeben – wie unangenehm. Daß sie nicht abtreiben würde, verstand sich von selbst. Man vernichtet kein Leben. Außerdem sind Kinder groß, ganz groß. Wie groß, das war mir nie so bewußt gewesen wie jetzt. Wenn sie erst mal da wären, würde ich mich schon einrichten mit der Mutter. Und wenn es nicht mehr ginge, blieben die Kinder. Man mußte nur aufpassen, sich ohne böses Blut zu trennen, dann wäre es tragbar für alle. Für meine Eltern wäre Natascha tragbar gewesen. Ihre hätten ein bißchen schlucken müssen, wenn die Tochter plötzlich schwanger geworden wäre, aber dank der Aussicht auf einen Enkel hätten sie sich mit der moralischen Verlotterung des Westens abgefunden. Hauptsache wir würden heiraten, bevor ihr Bauch dick würde, Hauptsache ein Fest für die Verwandten, die reicher sind als meine und im Rudel aus Amerika anreisen würden. Was soll's: Wenn das Kind erst mal da wäre, würde alles andere nebensächlich sein, sogar ihre Eifersucht, ihr Schnarchen, ihre Spießigkeit, selbst die Sticheleien von Minu, die meinte, ich bräuchte eine starke Frau, eine, die mir ihr eigenes Leben entgegensetze und nicht nur meines übernähme. Ach Gott, ja. Wie gut, daß Minu nicht das Leben ihres fränkischen Scheichs übernimmt, sondern sich ihm gleich in Anbetung unterwirft. Ich zog das Laken unter Nataschas Bauch: Wäre schon nett, darin mein Kind heranwachsen zu sehen. Ich würde mein Ohr anlegen und horchen. Es würde mich hören, wenn ich sänge. Ich würde mit dem Baby sprechen. Das ist es, was zählt, nichts anderes – daß es weitergeht. Daß man etwas geschaffen hat, das bleibt. Daß man selbst bleibt. Aber war Maike Anfang jetzt unglücklicher, daß sie kein Kind hinterlassen hatte? Schlimmstenfalls machte es keinen Unterschied, nicht einmal das. Ich strich mit dem rechten Zeigefinger über Nataschas Bauch. Auf und nieder wogte er. Ihre eine Hand lag auf der Brust, die andere rücklings neben dem Kopf. Vielleicht hätte ich mich einfach ergreifen lassen sollen und Schluß. Das Schnarchen hörte nicht auf. Daran sollte es nicht scheitern. Wenn wir zusammen wohnen, haben wir zwei Zimmer, dann ist das Problem gelöst, überlegte ich; wäre ohnehin besser. Jede Nacht neben der gleichen Frau einschlafen muß Horror sein. Beide sind Zeugen, wie der andere vergilbt, die Falten, die Geräusche, die Gerüche, nicht schön, genausowenig wie die

Pillen, Schmerzen und Ticks, die man sich zulegt. Nicht einmal wichsen kann man noch in Ruhe. Ich kannte das von meinen Eltern. Sosehr ich sie achtete und liebte, machte es mich traurig zu beobachten, wie sie sich in ihrem Verfall einrichteten – allein schon das Nachtkästchen meiner Mutter mit den Tabletten, Tropfen und Cremes, das will man als Lebensendgefährte nicht sehen. Solange Natascha nur Geliebte war, konnte man schlecht in getrennten Betten schlafen. Schnarchen war tragbar. Es war ohnehin nicht laut, mehr ein Säuseln. Auch Bayenthal könnte ich ertragen. Schwieriger war es mit der Langeweile. Ohne Rahmenprogramm langweilte mich Natascha nach durchschnittlich fünfundvierzig Minuten, immer dieselben Gespräche, ihre unheimlich große Familie, ihre unheimlich internationalen Freundinnen, ihre unheimlich unerträglichen Kollegen bei den *Achtzigern, Neunzigern und dem Besten von heute,* wo sie Redakteurin ist, Horror. Viel mehr existierte nicht in ihrem Leben, einmal die Woche Kino mit Henriette, nicht einmal Sport. Für das, was noch fehlte, war ich vorgesehen – herzlichen Glückwunsch zum Hauptgewinn. Die CD, die ich in Bergneustadt gehört hatte, kehrte zurück in mein Ohr und stimmte mich sanft. Das Laken mit sich schleifend, schlich sich mein Finger nach unten. Als er die ersten Haare erreichte, bekam ich einen Steifen. Sie mochte es, wenn ich in sie eindrang, während sie schlief, sie mochte es, mit mir drin aufzuwachen. Genau betrachtet, war sie im Bett prima. Wenn ihr Kollege Musikredakteur im Jahr nur halb so viele Zwischentöne auflegte wie Natascha bei mir in zehn Minuten, hielte ich im Auto gelegentlich durch bis zu ihren Moderationen, dachte ich. Ich nahm den Mittelfinger hinzu und spielte mit den Haarspitzen. Die Haut berührte ich nicht. Sie sollte noch nicht erwachen. Ich wollte vorerst überlegen. Ich zog das Laken ganz beiseite, so daß ich sie von Kopf bis Fuß betrachten konnte. Wie schön ist die Schöpfung, dachte ich, und also, daß es einen Schöpfer geben müsse. Warum auch nicht? Ohne Gott klappte es nicht besser. Nicht daß Natascha makellos gewesen wäre, das nicht, das Becken zu breit, die Beine zu kurz, die Brüste zu weich. Darum ging es nicht. Sie war schön in dem Sinne, wie jeder Mensch schön ist, jedes Geschöpf. Wie sie da auf dem Rücken lag, sahen die Brüste aus wie gedrückter Teig. Die Warzen schienen sich verziehen zu wollen, aus Scham oder aus Verlegenheit. Immerhin, sie punktete mit dem Gesicht und den großen, beinah schwarzen Augen. Die würden noch betören, wenn sie nach der ersten oder spätestens nach der zweiten Geburt vergaß, den Gewichtshahn zuzudrehen. Die Photos ihrer Mutter zeigten, was ich zu erwarten hatte: orientalische Weiblichkeit in Hülle und Fülle. Zwischen ihren Beinen kniend, öffnete ich Nataschas Schamlippen: Hier überall mußte mein Samen vertrocknet sein. Vergeblich versuchte ich meinen Geruch zu orten. Hätte ich eben am liebsten in Maike Anfangs Schädel geblickt, phantasierte ich jetzt, in Nataschas Muschi zu kriechen, zu überprüfen, was mit meinem Samen war. Als Statthalter schoben sich meine Finger ein. Vielleicht begann irgendwo hinter dem Schleim, der sich zu bilden begann, schon Leben, mein Leben. Wäre ich darüber froh? Ja, wahrscheinlich. Wäre das neue Leben froh? Jedenfalls hätte es Angst vorm Sterben. Letztlich war ihr Bauch ein Gefäß. In Korinnas Muschi hätten meine Finger jetzt lieber gewühlt. Mit Korinna zu leben wäre mir nicht im Traum eingefallen. Stefanie war mehr für alle Fälle. Was aus Maike Anfang geworden wäre, war nicht mehr zu beantworten. Sie hatte einen Freund gehabt, aber ich so ein Gefühl. Nun hatte sie Freund und Gefühl hinterlassen. Für den Freund war es schwieriger, aber er würde genauso darüber hinwegkommen wie mein Gefühl. Soweit das zwischen den Geschlechtern möglich ist, hatte mein Gefühl ohnehin nichts mit Sex zu tun, sondern mehr mit Vertrauen. Die Frau in Cadaqués fiel mir ein, die drei Tische weiter saß, als ich die SMS von Maike Anfangs Tod empfangen hatte. Ich erinnerte mich nicht an ihr Gesicht, nur daß es schmal gewesen war und blaß, rotblonde Haare, etwas Dunkles am Leib, eine Hose und ein Hemd mit Trägern. Sandalen hatte sie getragen, weiß lackierte Fußnägel. Ich ging die anderen Frauen durch. Aktuell war sonst niemand. Blieb Natascha, die demnächst aufstöhnen würde im Schlaf. Ich hielt die Finger jetzt still. Natascha hatte aufgehört zu schnarchen. Wie zur Entschuldigung für meine Gedanken küßte ich sie auf den Mund, die Finger noch immer in ihrer Mitte. Als ich mich wieder aufrichtete, bemerkte ich, daß mein Schwanz schon wieder schlappgemacht hatte. Was tat ich nur hier? Am liebsten hätte ich Natascha aufgeweckt und sie umarmt. Ich hätte ihr gesagt: Egal, was ist, ich bin für dich da. Ich meine es nicht böse. Ich will dich nicht benutzen. Ich schäme mich, wie ich von dir denke. Du bist wunderbar, wirklich. Du bist ein Mensch, ein großartiger Mensch. Ich weiß nicht, ob wir glücklich miteinander würden, aber ich achte dich und danke dir für die Liebe, die du mir anbietest. Es tut mir leid, ich will dich nicht verletzen. Ich schäme mich, wie ich von mir selbst denke. Ich will das nicht, ich will nicht so sein. Schlaf jetzt, schlaf ein in meinem Arm. Morgen sehen wir weiter. Eine Freundin von mir ist gestorben, das habe ich dir noch gar nicht gesagt. Weißt du, ich denke, alle Menschen sind großartig, sie auch, sie besonders. Du hättest sie gemocht. Leg dich in meinen Arm, nein, halt mich, drück mich ganz fest. Wenn es heute passiert, bin ich für dich da, versprochen. Ich fing wieder an, mit den Fingern zu kreisen. Bis sie feucht würde, wäre mein Schwanz schon wieder steif. Ansonsten würde ich eben nachhelfen. Ich bin absolut nicht prüde. Ich finde es sogar geil, wenn mir die Frau zuschaut, genauso, wie ich gern zuschaue. Ohne zum zweiten Mal gespritzt zu haben, würde ich heute nacht nicht mehr einschlafen. Wenn sie aufwachte, würde Natascha sich freuen. Diesmal wäre ich ganz sanft. Reichte das nicht, was uns verband? Ich küßte sie wieder auf den Mund, diesmal mit geöffneten Lippen. Die Finger rieben jetzt fester, ohne zu beschleunigen. Sie öffnete kurz die Augen und meldete sich mit der Zunge. Dann wandte ich meinen Blick zurück zu ihrer Höhle, in der jetzt ein weiterer Finger steckte. Mit den drei Fingern zerrte ich ihren Arsch zu mir. Natascha zog die Knie an und drehte den Kopf zur Seite. Ihr Mund stand weit offen, als wartete er auf meinen Schwanz. Ich rubbelte schnell und kräftig zwischen ihren Beinen. Mein Schwanz war wieder soweit. Ich entschied mich gegen ihren Mund. Keine Spielereien zu dieser Uhrzeit: Ich legte mich zwischen ihre Beine und glitt hinein. Ein bißchen mußte ich kreisen und schubsen, weil ihr Saft noch nicht angerührt war. Die Augen hatte Natascha noch immer oder schon wieder geschlossen. Ich griff in ihre Arschbacken und drückte aus beiden Richtungen gegen meinen Schwanz, damit er es enger hatte. Gleichzeitig saugte ich an ihrer linken Brustwarze, als würde ich verdursten. Schon spürte ich, wie ich kam, zu früh für Natascha, um mich zu begleiten. Egal, dachte ich, alles egal, zieh's durch. Vielleicht ist sie noch so schlaftrunken, daß es gar keinen Unterschied macht, und morgen wäre es ein netter Traum. Sicherheitshalber hielt ich meine Augen gegen ihre Brust gepreßt, obwohl es im Nacken schon weh tat. Noch ein paar Sekunden, dann wäre es vorbei. Ich lauschte auf ihre Töne, ohne viel zu hören. Ich hörte überhaupt nichts mehr außer meinem eigenen Atem, nicht einmal ein Röcheln. Ich wagte nicht aufzuschauen, bevor es vorbei war. Ihr Blick hätte mir in die Quere kommen können. Wieso kam ich denn nicht? Jetzt mußte ich mich doch aufrichten, um den Radius meiner Bewegungen zu vergrößern. Zum Glück hielt Natascha die Augen weiter geschlossen. Sie war vielleicht gar nicht wach, hoffte ich. Wahrscheinlich war das nicht, egal, alles egal, zieh's durch. Ich zog die Hände unter ihrem Arsch weg und stütze mich auf. Sechs, sieben heftige Stöße, bis ich mich endlich mit einem Grunzen erleichterte, nicht unähnlich dem Geräusch meines Handys, wenn es eine Kurzmitteilung empfängt. Natascha stöhnte auch ein bißchen, wie zum Trost. Kurz öffnete sie die Augen, ohne daß ich ihrem Blick etwas entnahm. Ich deckte sie wieder zu und trank einen Schluck Wein aus der Flasche. Ich würde immer noch nicht einschlafen können.

11

Natascha hatte ich einen Zettel hinterlassen. Blieben noch Stefanie, Korinna, Frau Anfang und Daniel, die ich benachrichtigen mußte, außerdem meine Eltern. Minu wußte gar nicht, daß ich nach Köln gefahren war. Mit Stefanie war es einfach: *Bin schon wieder weg. Sehnsucht nach meer. Kannst du bißchen aufräumen? Ging ganz schnell heute morgen. Melde mich morgen. Wenn was ist, ruf an. Danke und alles liebe, d. PS: und komm wirklich mal vorbei, wird dir gefallen.* Für Daniel sollte ebenfalls eine SMS genügen: *Lieber daniel, leider schaffe ich es doch nicht zur beerdigung. Mußte heute morgen dringend ins ausland. Wünsche dir viel kraft für die nächste zeit. War schön, dich kennengelernt zu haben. Vielleicht können wir noch mal ein kölsch trinken, wenn ich zurück bin. Würde mich freuen. Wenn was ist, kannst du mich auf dem handy immer erreichen. Herzlich, dariusch.* Hinterher könnte ich ihm noch eine Karte schreiben. Mit Korinna fingen die Schwierigkeiten an. Einerseits brauchte sie mich ebensowenig wie alle anderen. Andererseits hatte ich betont, dazusein für sie in diesen Tagen. Daß ich sie zur Beerdigung führe, hatten wir gestern abend zwar nicht mehr erwähnt – aber zuvor hatte ich es ausdrücklich angekündigt. Vielleicht rechnete sie mit mir. Nicht, daß sie nicht genausogut in ihrem Ka oder mit einer Kollegin nach Bergneustadt hätte fahren können. Das würde ihr definitiv nichts ausmachen. Ich hatte nur Scheu, es ihr zu sagen. Es war unhöflich, ein Rückzieher. Sie hätte niemals von mir erwartet, für die Beerdigung eigens von Cadaqués anzureisen. So nah stand ich ihr nicht, geschweige denn Maike Anfang. Doch jetzt, da ich nun einmal in Köln war und außerdem von mir aus, ohne Not, angeboten hatte, sie zum Begräbnis ihrer Kollegin zu begleiten, konnte sie durchaus erwarten, daß ich übers Wochenende bliebe. So viel Dienst hätte unsere Freundschaft hergegeben. Anrufen würde ich sie nicht, jedenfalls nicht aus dem Zug. Ich wollte kein zweites Mal einen Todesfall zwischen zwei Funklöchern verhandeln. Eine SMS war allerdings zu dürftig. Außerdem eilte es nicht. Heute vormittag war sie ohnehin beschäftigt mit der Andacht, die sie für Maike Anfang bei Ford initiiert hatte; der falsche Zeitpunkt, ihr meine Abreise mitzuteilen. Entweder rief ich sie heute abend von Cadaqués aus an oder schickte ihr eine Mail. Bis Portbou hatte ich genügend Zeit, mir eine Begründung zu überlegen. Am schwersten tat ich mich, Frau Anfang Bescheid zu geben. Bei ihr käme ich um einen Anruf nicht umhin. Oder sollte ich ihr einen Brief schreiben? Die Anschrift würde sich leicht ermitteln lassen. Ich überlegte, ob ein Brief sie rechtzeitig erreichen würde. Morgen war Freitag. Montag wäre es zu spät. Mit gewöhnlicher Post käme ein Brief aus Spanien nicht innerhalb eines Tages in Deutschland an, nicht einmal per Expreß. Ich meinte mich zu erinnern, daß es in Cadaqués einen Zustelldienst gab, UPS, DHL oder etwas in der Art. Damit müßte es innerhalb eines Tages zu schaffen sein. *Bitte schau mal nach, ob du die adresse von annette anfang in bergneustadt rausfindest, danke, d.,* simste ich Stefanie und vertagte die Entscheidung, ob ich Frau Anfang morgen anrufen oder schreiben würde. Fürs erste mußte ich schlafen. Als ich die Augen schloß, merkte ich schon, daß mir das so bald nicht gelingen würde. Da war zum einen dieses absurde Abteil am Zugende, in dem ich zusammengepfercht mit fünf weiteren Fahrgästen saß, seitlich wie in einer grünen Minna, die schmalen, länglichen Fenster jeweils hinter den Sitzreihen. Wenigstens hätte die Frau am Bahnhofsschalter mich darauf hinweisen können, daß mir der 1. Klasse-Preis bis Paris eine Naherfahrung in Klaustrophobie bescherte. Da waren zum anderen die viersprachigen Ansagen im Thalys, die aus jeder Bahnhofseinfahrt ein Hörspiel machten. Und selbst wenn es mir zwischen zwei Ansagenquartetten gelänge, die Augen so lange zu schließen, bis ich einnickte, wäre es bei fünf Mitreisenden eine mathematische Unmöglichkeit gewesen, nicht von einem Handy geweckt zu werden. Also könnte ich auch gleich einen Kaffee bestellen, der im Fahrpreis inklusive war. Ich öffnete die Augen wieder. Links gegenüber saß eine recht hübsche Asiatin in Benetton oder Esprit, Jeans und grauer Pullover, dazu die obligatorischen Converse in weiß, und las in einem Büchlein mit fremden Schriftzeichen, augenscheinlich einem Reiseführer. Offenbar konnten sich japanische Tramperinnen in Europa die erste Klasse leisten. Ich kannte solche Ausschläge der Kaufkraft: In Iran wurde aus mir ebenfalls ein reicher Mann. Daß es keine Steckdosen gab, war eine weitere Unverschämtheit. Belgien ist sowieso ein Verbrechen. Oder war das Dänemark, wo die Rechtspopulisten gewählt worden waren? Ich sollte wieder mehr Zeitung lesen. Gleichwie, die fehlenden Steckdosen würden sich nicht als tragisch erweisen. Müde wie ich war, hätte ich ohnehin nur die E-Mails in meiner Ablage bearbeiten können. Dafür reichte die Batterie. Ab Paris würde ich dann wieder Steckdose sitzen. *Vive la France!* Das beste wäre, wenn ich jetzt schliefe. Der schwarze Rimova, den die Asiatin vor die Füße gestellt hatte, deutete allerdings auf ein Leben in Deutschland oder jedenfalls in Westeuropa hin. Ich hielt es für unwahrscheinlich, daß Rimova in Japan verkauft wird. Rimova ist meine Koffermarke, nicht nur wegen der Qualität, sondern weil er in Köln hergestellt wird. Wenn schon Patrick Boger auf Lokalpatriotismus macht, kann ich mich erst recht nicht verweigern. Natürlich meine ich es nicht ernst mit den Heimatgefühlen, aber mit irgendeiner Heimat muß man sich schließlich ausweisen können. Nur der Fußball nervt mich. Karneval hingegen ist eine prima Zeit, sofern man nüchtern genug bleibt für einen Ständer, aber nicht so nüchtern, um genauer hinzusehen, worein man ihn steckt. Die Penetrationsquote unseres Fastelovends ist weder auf Single-Partys zu toppen noch in französischen Romanen. So viel Brauchtumspflege muß sein, wenn man in Köln wohnt, da würde mir Herr Boger gewiß nicht widersprechen, blendend wie er aussieht. Die Japanerin bestellte sich bei dem arabischen Steward, der sich zwischen unsere Beine gedrängt hatte, einen Orangensaft in akzentfreiem Deutsch. Also gehörte sie auch der zweiten, dritten Generation an. Das erweiterte das Gebiet der gemeinsamen Themen. Ich selbst entschied mich für einen Kaffee. Weshalb konnte ich keine schlanke junge Frau ansehen, ohne ans Vögeln zu denken? Angenommen, die Japanerin wäre aufgestanden und hätte mir in ihrem akzentfreien Deutsch ins Ohr geflüstert, sie auf die Toilette erster Klasse zu begleiten für einen Schnellkurs in Kamasutra oder wie immer das Brauchtum in Japan heißt – ich wäre viel zu müde gewesen, um ihr zu folgen, viel zu kaputt und frustriert wegen dem, was ich mir heute nacht mit Natascha erlaubt hatte. Es wäre ein Scheißfick geworden, eine Erbärmlichkeit auf einem Klodeckel voller Bakterien. Meine heruntergelassene Hose hätte die Pisse von zehntausend Kilometern aufgewischt. Nach verfrühtem Koitus hätte ich mir beschämt die Unterhose über den nassen Schwanz gezogen und mich den ganzen Tag vollgesabbert gefühlt, unrein. Zu meinem wachsenden Bedauern halte ich wenige Gebote des Islams ein, aber duschen tue ich mich stets, nachdem ich mit einer Frau geschlafen habe – so wie der Prophet es uns aufgetragen hat. Daß ich Schweinefleisch vermeide, ist mehr eine Gewohnheit und kommt als Ausweis kultureller Identität immer gut, weil es zum Verständnis einlädt, ohne die Toleranz mit Kopftüchern, Gebetszeiten und anderen Rückständen auf die Probe zu stellen. Kein Schweinefleisch zu essen läßt die freiheitlich-demokratische Grundordnung gerade noch zu. Vielleicht sollte ich noch ein paar andere Gebote beachten. Vielleicht würde sich der Glaube dann eines Tages von selbst einstellen. Mit der Fatiha kann ich bereits das halbe Ritualgebet auswendig, das wir Schiiten nur dreimal am Tag aufsagen. Dreimal täglich kriegt man hin, dachte ich. Nur die Bewegungen und das Waschen vorher schienen mir kompliziert. Meine Eltern würden es vielleicht noch beherrschen, keine Ahnung, aber wenn ich sie fragte, würden sie sich nur lustig machen. Die sind gottloser als der Westen, dabei menschlich genauso top wie die Frommen unter meinen Verwandten – mit Religion scheint Güte also nichts zu tun zu haben, wahrscheinlich mehr mit Wohlfühlen, Orientierung und Krisenmanagement. Definitiv bietet der Glaube Halt. Nicht nur Gebete scheinen eine prima Erfindung zu sein. Manchmal ist es gut, wenn einem gesagt wird, was man zu tun und zu lassen hat. Eine Erleichterung ist das. Ich hätte vielleicht nicht direkt nachschlagen können, aber intuitiv gewußt, was richtig gewesen wäre, als ich die SMS von Korinna erhalten hatte. Ich hätte auch gewußt oder mir jedenfalls eingebildet zu wissen, was mit Maike Anfang war, und mir nicht so einen Kopf gemacht um das blöde Kühlfach. Ich hätte gewußt, daß ich am Abend zuvor nicht zu Natascha hätte gehen sollen, daß das nicht vertretbar war. Wenn es einen Gott gegeben hätte, an den ich mich hätte wenden können, wäre ich da vielleicht noch rausgekommen. Ich hätte beten können. Ich hätte den Anstand gefunden aufzustehen. So hatte ich mich nur beschissen gefühlt. Ich war überhaupt nicht da. Ich war das nicht. Ich will nicht so sein. Ich hätte genausogut mit einer Gummipuppe ficken können, das wären auch nicht mehr Gefühle gewesen, nur daß die hinterher nicht geschnarcht hätte. Dabei war der Fick als solcher im Rahmen gewesen – aber diese Puppe war die Frau, mit der ich ernsthaft ein Kind hatte zeugen wollen. Das war die Frau, mit der ich leben würde, wenn es in ihrer Empfängnis zufällig Klick gemacht haben sollte. Ich meine, daß ich hingegangen war, verdammt, ich hatte Druck, ich war ernüchtert wegen Korinna, traurig wegen Maike Anfang und mehr noch ihren Hinterbliebenen. Es war ein harter Tag gewesen. Eine trauernde Mutter zu besuchen und einen Mann, der seine Freundin verloren hat, läßt keinen unberührt. Und dann hatte Korinna auch noch das neue Fräulein im Gepäck, um über Geschäfte zu reden. Das fand ich pervers. In Ordnung, ich bin dann zu Natascha, das war nicht astrein, aber nachvollziehbar. Ich hatte mit ihr geschlafen, ja, mein Gott, das passiert. Ich habe noch mal mit ihr geschlafen, wegen ihres Scheißschnarchens, weil ich nicht einschlafen konnte, nicht schön, okay, aber so ist es manchmal. Ihr hat es nicht geschadet. Beschmutzt hatte ich mich wegen etwas anderem gefühlt. Beschmutzt hatte ich mich, als ich meine Kondome nicht ausgepackt hatte. Gut, die Chancen, daß etwas passiert war, waren gering, eins zu zehn oder eins zu fünfzehn. Allein, dieser bloße Akt, ein Kind haben zu wollen, egal wie, nur um rauszukommen aus meinem verfickten Leben, rauszukommen aus all dem Scheiß, war nicht vertretbar. Ich rede hier über ein neues Lebewesen, ein Geschöpf, nicht über irgendeine Gummipuppe von Beate Uhse oder Fräulein Margarita. Das war wie Gotteslästerung, egal ob es Gott nun gab oder nicht. So ging man nicht um mit der Schöpfung. Eher zündet man sich an, als sie und sich so zu erniedrigen. Und einschlafen hatte ich hinterher immer noch nicht gekonnt. Immerhin war die Nacht mit Natascha ein Anlaß gewesen, mich wieder nach Cadaqués zu verabschieden. Ansonsten wäre ich sicher bis Dienstag geblieben, obwohl niemand etwas davon gehabt hätte. Wenn Frau Anfang immer noch allein gewesen wäre, in Ordnung, dann hätte es sicher sinnvoll sein können zu bleiben – aber so? Ich meine, ich bin absolut dafür, der Toten zu gedenken, aber diese Tote lag schlicht außerhalb meiner Zuständigkeit. Daniel kümmerte sich um die Wohnung, Korinna ums Büro, Frau Anfang um die Beerdigung, Herr Haubner um Frau Anfang. Um Daniel kümmerte sich die Schwester. Korinna war ungefährdet. Andere Problemfälle lagen allem Anschein nach nicht vor. Um die Adressenliste für die Trauerfeier, die ich Frau Anfang versprochen hatte, würde sich schon einer kümmern, Daniel oder Korinna. Sie wollten ohnehin eine kleine Beerdigung haben, im privaten Rahmen, um Frau Anfang nicht zusätzlich zu belasten. Komm, sei realistisch, sprach ich mir zu, während ich am Kaffee nippte, der zugegeben besser schmeckte als in der Deutschen Bahn, du hast von vornherein einkalkuliert, vergeblich nach Köln zu fahren. Fünf Arbeitstage, die zum Teil nicht einmal komplett weggefallen sind, und fünfhundert Euro für die Fahrkarten lohnen sogar im Rückblick das gute Gewissen. Das Fahrrad fiel mir ein: Wenn das weg wäre, würde es teuer. Ich würde Stefanie bitten, es abzuholen. Vielleicht war es noch da. Selbst wenn ich in Cadaqués geblieben wäre, hätte es ein paar Tage gedauert, bis ich mich wieder hätte konzentrieren können. So hatte ich die Zeit eben im TGV, im Thalys und zwischen Köln und Bergneustadt zugebracht. Und für Frau Anfang war ich wirklich eine Hilfe gewesen, als sie es in der Wohnung ihrer Tochter nicht mehr ausgehalten hatte. Für Daniel war ich nach Bergneustadt gefahren, um den Schlüssel zu holen. Das war nicht lebensentscheidend, aber doch mehr als ein Händedruck, ja, in der Situation sicher eine reale Erleichterung, sonst hätte er mich nicht darum gebeten. Wir hatten außerdem ein gutes Gespräch gehabt. Wie lächerlich es war, ihn verdächtigt zu haben, direkt oder indirekt für den Tod von Maike Anfang verantwortlich zu sein. Korinna, gut, das war ein Reinfall. Mit Stefanie hatte ich einen angenehmen Fick. Wir hatten auch ein paar Dinge wegen Baden-Württemberg besprochen, die am Telefon mühsamer zu klären gewesen wären. Daß ich so gar nichts herausgefunden hatte über Maike Anfang, nichts Besonderes, meine ich, paßte mir nicht. Ich meine, sie war eine angenehme Person, kein Zweifel. Eine nette Mutter hatte sie, einen herzensguten Onkel, der gewiß wunderbaren Honig herstellte. An dem Freund war realistisch nichts auszusetzen. Aber was das nun und ob es etwas gewesen war, als Maike Anfang und ich vorm Taxi unsicher waren wegen der Verabschiedung – ich hatte keine Ahnung. Wenn in diesem Augenblick die Japanerin schräg gegenüber plötzlich stürbe, würde ich mich ihr ebenso verbunden fühlen oder noch mehr, allein durch die Tatsache, daß wir im Leben die gleiche Koffermarke bevorzugten, den sogenannten Migrationshintergrund teilten und uns schon deshalb mit Sicherheit einig gewesen wären über den Faschismus der belgischen beziehungsweise dänischen Regierung. Ihr Tod hätte sogar meine Phantasie vom Thalys-Klo erster Klasse zu wehmütiger Verklärung und längerer Haltbarkeit geadelt. Ohne daß sie einen Herzinfarkt erlitte, würde ich sie hingegen schon beim Umsteigen in den TGV genauso vergessen haben wie die vier anderen Mitreisenden. Nur das viel zu enge Abteil würde ich noch länger in Erinnerung behalten und vor der nächsten Fahrt mit dem Thalys sicherheitshalber nachfragen, ob ich in einem ordentlichen Großraumabteil sitze. Das Problem war nicht nur die Beinfreiheit, die Männern meiner Größe genommen wird, sondern daß man nicht weiß, wohin mit dem Blick. Sofern das Gegenüber sich in ein Buch vertieft wie die Japanerin, ist es noch im Rahmen. Aber weder der Glatzkopf im Nadelstreifen auf dem Mittelsitz noch der Ziegenbart im popelgrünen Pullover, dessen Knie die meinen polierten, nutzten ihre Zeit für etwas Sinnvolles. Wenn ich im Zug sitze, nutze ich meine Zeit immer. Ich lese, ich arbeite am Laptop, ich höre Musik aus dem i-Pod, und in dringenden Fällen telefoniere ich leise. Jedenfalls ist mein Handy immer an. Am besten, ich schlösse wieder die Augen, egal ob ich schliefe oder nicht. Für ein paar Sekunden versuchte ich es, nur um mich über das Koffein zu ärgern, das mich wachhalten würde. Dann fiel mir ein, daß ich vorhin am Bahnhof gar nicht den Stadtanzeiger gekauft hatte, um mir die Todesanzeige von Ford anzusehen. Ich blickte mich um, als läge die Zeitung im Abteil aus oder hinge an einem Ständer. Macht nichts, dachte ich, werde ich dadurch abgehalten, sie zu lesen. Wenn man die Zeitung erst einmal in der Hand hat, ist es schon zu spät. Ich erinnerte mich an die Anschläge von London, zum ersten Mal an diesem Tag, eine gute Quote. Ich bekomme den Dreck ja nicht aus meinem Kopf heraus. Wo man hinschaut, auf der Straße oder im Netz, sieht man Muslime gleich Zwangsheirat gleich Ziegenficken. Heute war ich seit sieben Stunden und dreiundfünfzig Minuten wach, ohne an Selbstmordanschläge gedacht zu haben. Mit dem Stadtanzeiger hätte ich keine Aussicht gehabt, die Quote beizubehalten. Vor Müdigkeit hätte ich mich noch den Berichten aus den Kölner Stadtteilen ergeben. Draußen im Gang lagen Tageszeitungen kostenlos aus, viersprachig natürlich, wie es die Gesundheitsminister der EU vorschreiben: die FAZ, außerdem Le Monde und The Guardian, wenn ich mich nicht täuschte, dazu eine belgische Zeitung. Ich wußte das, weil mir die erste Klasse im Thalys früher den Gang zum Bahnhofskiosk erspart hatte. Wahrscheinlich hatte ich deshalb vergessen, den Stadtanzeiger zu kaufen, weil ich mich für die Fahrt nach Cadaqués nie mit Zeitungen eindeckte. In dieser Hinsicht gleicht der Thalys dem Flugzeug. Obwohl, das stimmt gar nicht: Die Billigfluglinien verteilen überhaupt keine Zeitungen. Der Kiosk am Kölner Flughafen war mir daher vertraut gewesen. Nur in letzter Zeit fliege ich immer öfter ohne Zeitung. Wenn nicht mein Beruf und zumal das Festival in Baden-Württemberg gewesen wäre, hätte ich mich gänzlich der Ignoranz hingegeben. Immerhin hatte ich Stefanie beauftragt, die wenigen relevanten Artikel zu sammeln. Was mich erreichte, genügte, um für immer in Cadaqués bleiben zu wollen. Sollte ich mich eines Tages umbringen, würde ich mir einen geeigneten Platz suchen, nicht wo Zivilisten sind, ich bin kein Mörder, aber nachts einen kleinen Sender in die Luft sprengen oder Spiegel oder Springer, das wäre cool. Den Pförtner würde ich vorher evakuieren, klar. Beim Moderator war ich mir schon nicht so sicher. Es mußte halt irgendwo sein, wo es bedeutsam ist. Live auf Sendung, das wäre das Beste. Aber ein Selbstmordattentat ohne unschuldige Opfer war unrealistisch. Das war ja das Vertrackte: Bedeutung hat es erst ab dem Massenmord. Sich nur selbst zu töten ist völlig sinnlos. Insofern verstand ich die Jungs vom 11. September. Mehr Wirkung kann man gar nicht erzielen. Mit einer einzigen Aktion hatten sie sich in die Ewigkeit gesprengt. Nur daß sie lauter Zivilisten mitgenommen hatten, war nicht akzeptabel. An Verschwörungstheorien glaube ich nicht, das ist mir zu simpel. Und ich war auch alles andere als ein Selbstmordkandidat, trotz der verkorksten Nacht mit Natascha und der überflüssigen Reise nach Köln. Ich mußte nur nach Cadaqués gelangen, dann würden sich die Gefühle schon einrenken, bei einem Glas Wein an der Strandpromenade und einer Pasta mit Meeresfrüchten. Ich würde einfach weitermachen, als wäre nichts gewesen, hoffend, daß wirklich nichts gewesen war (ich meine, mit Blick auf Nataschas Empfängnis). Als Cadaqués konserviert, konnte Europa so angenehm sein. Ich nahm mein Handy aus der Hosentasche und ging die SMS durch, die gespeichert waren. Schnell hatte ich mich zu der Nachricht geklickt, die ich bestimmt schon zum achtzigsten Mal las: *Tut mir leid, es dir so zu sagen, kann jetzt aber nicht anders. Meine kollegin maike anfang ist gestorben, die mit uns noch whisky trinken war. Einfach so. Ich weiß gar nichts mehr. Liebe grüße, korinna.* Ich hatte das Bedürfnis, Korinna zu schreiben, doch fiel mir kein Text ein. Was ich empfand, paßte nicht zu der Abreise, die ich ihr hätte gestehen müssen. Während ich noch überlegte, grunzte das Handy. Mit Sicherheit blickten alle fünf Mitreisenden auf meine Hand. Ohne mich umzusehen, schob ich die Mundfalten zur Entschuldigung nach oben. *Kannst du heute um 3 nach niehl kommen? Herr Boger würde dich gern kennenlernen. Wichtig! Viele grüße, korinna.* Es war 7:58 Uhr. Woher kannte Korinna um diese Uhrzeit Patrick Bogers Wünsche und Pläne? Ich hielt es für unwahrscheinlich, daß der Tag in den höheren Etagen von Ford schon so früh begann, mochte Korinna selbst bereits an ihrem Schreibtisch sitzen. Das Wohlwollen, mit der sie ihren Chef porträtierte, hatte mich schon in Cadaqués mißtrauisch gemacht. Das war mehr gewesen als Respekt oder Sympathie. Das war Verzückung. Vom Restaurant aus war sie zu ihm gefahren und hatte mit ihm über mich gesprochen. Wie echte Künstler trennen sie nicht zwischen Privat und Arbeit. Bevor er sie fickte, hatte sie ihm vorgeschlagen, mich heute zu treffen, um die Änderungen am Ablauf der Abschiedsfeier zu besprechen. Dabei hatte sie in Cadaqués behauptet, daß es sich um eine Überraschung handelte, von der Boger nichts ahnte. Wie konnte ich nur so naiv sein, ihr das abzunehmen? Als würde ein Perfektionist wie Boger den eigenen Abschied dem Zufall überlassen beziehungsweise seinem Geschäftsbereich Kommunikation und Öffentlichkeit. Und ausgerechnet heute, nachdem ich drei sinnfreie Tage in Köln verbracht hatte, saß ich im Thalys nach Cadaqués. Ich überlegte, in Aachen kehrtzumachen. Natürlich war es wichtig, wenn der Vorstandsvorsitzende der Ford AG Deutschland einen treffen wollte; das hätte Korinna nicht eigens erwähnen müssen. Ach, verpißt euch: *Tut mir leid, korinna. Bin schon auf dem weg nach spanien. Mußte dringend weg. Melde mich morgen. War schön gestern. D.*

12

Mein Freund,
heute hat die Sonne in Cadaqués den Winter endgültig bezwungen. Beim Spazierengehen am frühen Morgen mußte ich noch Jacke und Fleecepulli tragen, aber das leuchtende Blau des Meeres und der Glanz auf den Wellen, wenn sie sich brechen, gehören schon einer anderen Jahreszeit an, dem neuen Leben, das erwacht. Noch nie war ich im Winter so lange in Cadaqués. Noch nie fühlte ich mich hier so aufgehoben. Im Sommer ist Cadaqués eine angenehme Kunstwelt. Im Winter begnügen sich die Restaurants mit den Standards, die in Spanien nicht üppig sind. Die pittoresken Läden haben fast alle geschlossen. Nicht einmal die Maler, die in ihren Ateliers halböffentlich Dalí und Picasso nacheifern, trifft man an, geschweige denn schöne Frauen. Im Sommer hat Cadaqués viel mehr zu bieten. Im Winter bietet es die Wirklichkeit. Theoretisch wußte ich das. Praktisch war mir der Winter immer zu kalt. In Cadaqués ist er nicht mild wie sonstwo am Mittelmeer. Der stete Wind, die ausgeblichenen Farben und die feuchte Kälte, die in alle Knochen kriecht, zehren an den Sinnen, bis sie unempfindlich werden, beinah tot. Heute beginnt der Frühling, und ich weiß, daß ich ihn so intensiv erleben werde wie noch keinen zuvor.

Als angehängte Zip-Datei schicke ich Dir einen Text, den ich letzten Sommer geschrieben habe. Leicht fällt es mir nicht, dabei warst Du so etwas wie ein Adressat. Es ist nichts darin, was Dich überraschen oder bestürzen könnte, dennoch schäme ich mich vor Dir. Es ist mir unangenehm, wie ich früher dachte, wie ich von Menschen sprach, von mir. Zugleich bin ich mir bewußt, daß die Scham ein Teil der Erfahrung ist, die mich mir selbst näherbringt. Der Text gehört zu dem Menschen, der ich nicht mehr bin. Ich würde ihn schon gern veröffentlichen, wäre mein erstes Buch. Den Kontakt zu einem Publikumsverlag hat mir ein Freund bereits vermittelt, aber vielleicht ist es schwierig, weil die Personen real sind und sich benutzt fühlen könnten. Außerdem könnten die bei Ford etwas dagegen haben. Sag mir bitte, was Du darüber denkst, wenn Du Zeit hast, es zu lesen.

Es sind elf Kapitel, beginnend mit der Nachricht von Maike Anfangs Tod. Es hört auf mit der SMS an Korinna, in der ich ihr schrieb, daß ich schon unterwegs nach Spanien sei. Alles, was danach geschah, ist Dir bereits offenbar. Während ich noch zusah, wie mein Handy die SMS verschickte, wußte ich bereits, daß ich umkehren mußte, umkehren zu dir, zu mir. Nein, ich will ehrlich sein, auch jetzt. Ich bin umgekehrt, weil ich spürte, daß die SMS von Korinna etwas bedeutete. Ich spürte, daß es kein Zufall war, daß Du mich kennenlernen wolltest – daß mich etwas hinderte an der neuerlichen Flucht. Ich spürte, daß ich vor eine Entscheidung gestellt war, die weiter reichte als nur bis zum nächsten Termin oder Deiner Abschiedsfeier. Fast hätte ich mich falsch entschieden. Ich dachte, es ginge um meinen Beruf. Ehrlich, ich dachte, es ginge um die Karriere. Ich war enttäuscht und beschämt wegen des vorangegangenen Abends und überhaupt der Woche in Köln (ist alles in dem Text beschrieben, so genau, wie ich konnte), daß ich mir beweisen wollte, einen Termin mit dem Vorstandsvorsitzenden der Ford AG Deutschland ausschlagen zu können. Ich wollte die Achtung vor mir selbst zurückgewinnen. Sofort merkte ich, wie eitel das war und wie lächerlich. In Aachen stieg ich aus dem Thalys, um den ersten Zug zurück nach Köln zu nehmen. Als ich nachmittags Dein Büro betrat, war ich sofort gebannt von Deiner Ausstrahlung. Wenn Du noch länger geblieben wärst, hättest Du sicher den gesamten Konzern angesteckt mit Deiner Tugend, sogar Deine

Kollegen aus dem Vorstand und die Herren aus dem Aufsichtsrat, über die sich Margarita und Korinna oft ärgern. Ich habe mich sehr über Dein Lob gefreut; das waren so persönliche, ans Herz rührende Worte. Ich finde es absolut bewundernswert, wie Du auch später, unter widrigsten Umständen, Deine Heiterkeit und Deinen Großmut bewahrt hast.

Ich selbst merke schon, wie gut Deine Grundsätze funktionieren, nach so kurzer Zeit. Es sind nicht Deine Grundsätze, klar. Aber Du hast sie uns lebendig gemacht. Ja, der wahre Sinn des Lebens liegt darin, für andere dazusein. Indem Du mir den gesunden Altruismus vorgelebt hast, hast Du mich gelehrt, nicht nur mein Potential auszuschöpfen, sondern auch das meiner Sekretärin und überhaupt der Menschen, mit denen ich zusammenarbeite. Den Respekt, den ich ihnen entgegenbringe, und die Großzügigkeit, die ich ihnen zeige, geben sie mir doppelt und dreifach zurück durch Einsatz und Ehrlichkeit. Es ist genau, wie Du sagst: Eine Handlung, die anderen Menschen hilft, nützt nicht nur den anderen, sondern bringt auch mir wahre Befriedigung. Das Festival in Baden-Württemberg, von dem ich Dir erzählt hatte, lief ebenfalls großartig, so schwer mir das Thema Islam hätte fallen müssen. Das Ministerium wollte nun einmal etwas Positives. Wenn es nötig war, haben alle bis tief in die Nacht gearbeitet, noch die schläfrigsten Beamten. Früher hatte ich für die Funktionäre in den Ministerien, Kulturämtern und Volkshochschulen nur Verachtung übrig. Jetzt entdecke ich, wie wertvoll jeder einzelne von ihnen ist. Ich muß nur hinschauen. Wieviel Anstrengung es mich gekostet hatte, die Verachtung zu überspielen! Wie leicht es ist, sie zu Höchstleistungen zu motivieren!

Alles erscheint auf einmal so leicht. Ich hatte angenommen, daß es ein Riesenschritt sei, die eigene Tradition zu verlassen. Es war eine Kleinigkeit. Alles geht so mühelos, seit ich aus Arkansas zurück bin. Manchmal bedauere ich, nicht tiefer im Islam verwurzelt gewesen zu sein. Dann wäre die Erleichterung vielleicht noch größer. Der Islam ist eine grausame, blutige Religion. Er bringt keinen Frieden, er erzeugt keinen Respekt, sondern immer nur neuen Terror. Schau Dir an, wie sie auf die Karikaturen reagiert haben, auf harmlose Karikaturen (habt Ihr das überhaupt mitbekommen in Amerika?). Jetzt wollen sie diesen armen Afghanen umbringen, der zum Christentum übergetreten ist. Da ist nur Haß. Ich wundere mich nicht mehr über die Zustände in Iran und sonstwo. Wo so viel Intoleranz und Aggression ist, kann sich die Gesellschaft nicht positiv entwickeln. Erst wenn die Menschen dort zu einer wahrhaften, zu einer angstfreien Spiritualität gelangen, werden sie Frieden und Wohlstand finden. Der Islam muß verschwinden. So wie ich das verstanden habe, werden es noch mehr Muslime verstehen. Sie müssen sich nur vergleichen mit anderen Menschen, dann werden sie den Grund ihrer Zurückgebliebenheit erkennen. Was jetzt ist, all die Grausamkeiten, ist sein Endkampf, ist sein Tod, ist die Geburt von etwas Neuem. So wie jeder Mensch verantwortlich ist für sein eigenes Geschick, so ist jede Gesellschaft verantwortlich für ihr eigenes Schicksal. Weder glaube ich an einen Gott im Himmel, der alles zum Guten wendet, noch an die bösen Amerikaner, die alles zugrunde richten. Im Gegenteil: Dein Land ist das Zentrum des neuen, uralten Geistes. Wie tief habe ich das in Arkansas gespürt. Und ich hoffe und bete, daß die negative Energie, die auch die Politik Deines Landes erfaßt hat, sich umkehren wird. Mit Menschen wie Dir, mit vielen erfüllten Menschen kann die Welt Frieden finden. Ich habe meinen Frieden schon gefunden. Andere werden mir folgen. Meine Sekretärin ist schon dabei, ebenso Korinna. Sogar das Verhältnis zu meiner Schwester Minu, die ihr Glück im Sufismus sucht, hat sich verändert. Ich glaube nicht an ihre Version des Islams, aber endlich gelingt es mir, das Suchen meiner Schwester zu respektieren. Vielleicht hat sie recht. Vielleicht bietet auch der Islam im Sufismus Ansätze für den inneren Frie-

den. Es heißt ja, daß alle Religionen im Grundsatz die gleiche Botschaft vermitteln, Altruismus, Liebe, Mitgefühl. Bei mir ist die negative Prägung zu stark, als daß ich den Islam objektiv beurteilen könnte. Oder ich bin noch zu ergriffen von dem Neuen.

Schon jetzt merke ich, nach so wenigen Monaten, wie das Geschäft anzieht, weil die Leute spüren, daß ich es ehrlich meine. Sie ahnen nicht, wovon ich beseelt bin – aber sie spüren meine Seele, an die ich selbst nicht mehr geglaubt hatte. Endlich stehe ich hinter dem, was ich sage und tue, hinter jedem Wort, hinter jedem Tag. Und weil ich begeistert bin, vermag ich andere zu begeistern. Nur meine Sekretärin weiß von der Berufung und noch einige Freunde. Du hast recht, man braucht die Leute nicht einzuweihen. Man muß mit ihnen umgehen, als wären sie geweiht, dann leuchten sie von innen, dann verkehren sich die negativen in positive Prägungen. Nicht was sie glauben, ist wichtig, sondern was sie tun. Sie wachsen über sich selbst hinaus, wenn man ihnen nur Raum gibt, Lob, Zuwendung. Es ist so einfach, erfolgreich zu sein – und so gut. Ja, es ist so gut, gut zu sein. Wenn ich nächste Woche nach Köln zurückkehre, gebe ich richtig Gas. Ich habe noch jemanden eingestellt, einen jungen Mann, der sich um das Marketing kümmert. Die Website, die er neu gestaltet hat, sieht glänzend aus, kein Vergleich zu früher. Die Besucherstatistik ist unglaublich. Früher krebste ich bei zwölf oder fünfzehn Zugriffen rum, jetzt sind es täglich sechzig, siebzig, wenn ich wieder neu verlinkt worden bin, oft hundert oder mehr. Das Verlinken ist das A und O, hat mich der Mitarbeiter gelehrt, genau wie im realen Leben. So jung er noch ist, selbst von ihm kann ich noch lernen. Nur wer gut verlinkt ist, klettert ganz hoch bei google.

Klar, ich habe schon einen Namen, aber um langfristig in die erste Liga aufzusteigen, muß ich so verlinkt sein, daß die Leute mich bei bestimmten Stichworten automatisch finden. Das ist das, was die Technik leisten muß, das Marketing, der Auftritt. Entscheidend wird natürlich immer bleiben, was danach geschieht, im zwischenmenschlichen Bereich. Nur wenn das stimmt, wenn die Leute spüren, daß man aufrichtig ist, wird der Erfolg von Dauer sein. Ich will es richtig machen, von vornherein, verantwortungsvoll, ethisch absolut korrekt. Jeder Auftraggeber muß das Gefühl haben, ich würde nur für ihn arbeiten. Bei mir wird immer das Individuum im Mittelpunkt stehen. Ich war immer so klein im Geist, so ängstlich, so geizig. Wie soll etwas zurückkommen, wenn man nichts gibt? Wie soll man etwas gewinnen, ohne den Verlust riskiert zu haben? Ein Fernziel habe ich schon, Du wirst lachen: die WM 2010! Die ersten Kontakte habe ich bereits geknüpft. Der Vorteil ist, daß die in Südafrika noch gar nicht richtig mit den Planungen begonnen haben und jetzt rasch etwas vorweisen müssen. Vielleicht erwische ich den richtigen Moment. Stell Dir mal vor, das wäre gigantisch. Und ich würde es richtig gut machen, nicht so überdimensioniert wie in Deutschland, statt dessen mit unheimlich viel Charity und so, daß es die Menschen an der Basis erreicht, mit möglichst vielen einheimischen Künstlern.

Ich werde schuften bis zum Gehtnichtmehr. Nur den einen Tag werde ich mir eisern freihalten, den Mittwoch wahrscheinlich. Auch die Übungen und all das befolge ich strikt. Und definitiv kein Alkohol und keine Frauengeschichten mehr. Stefanie, meine Sekretärin, mit der ich immer wieder mal etwas hatte, habe ich gesagt, daß unsere Beziehung sich fortan auf die Arbeit und die Freundschaft beschränken würde. Als ich sah, wie erleichtert sie war, begriff ich erst, wie unanständig ich mich verhalten hatte. Ehrlich, ich dachte, sie wäre enttäuscht, als ich ihr sagte, daß wir nicht mehr miteinander schlafen sollten. Aber sie schaute mich an, lächelte und sagte nur, ja, finde ich auch. Sie ist ebenfalls ein wunderbarer Mensch, ganz groß. Sie hat oft Fehler gemacht, ja, aber nicht, weil sie unzuverlässig ist, sondern weil ich durch mein Mißtrauen die Fehler schon antizipiert habe. Jetzt, da ich sie wie eine Partnerin behan-

dele, arbeitet sie so verantwortungsbewußt wie eine Partnerin. Nie wieder werde ich einen Menschen mißbrauchen.

Auch mit Natascha, der letzten Freundin von mir (11. Kapitel, wenn Du die Geschichte tatsächlich nachlesen möchtest), werde ich nichts mehr anfangen. Ich werde sie respektieren, ich werde ihr ein Freund sein, wenn sie mich braucht, aber ich warte jetzt, bis ich der einen Einzigen begegne. Da sind zu viele negative Prägungen zwischen uns, das kriege ich nicht mehr umgepolt. Unser Verhältnis ist jetzt endgültig bereinigt. Wir sind ein paar Mal essen gegangen, wir haben uns ausgesprochen, wir haben gelacht. Aber wir haben beide verstanden, daß es keinen Zweck hat, neu zu beginnen. Sobald wir die Möglichkeit nur andeuteten – ein schelmischer Blick, eine anzügliche Geste –, war da eine negative Energie im Raum, von beiden.

Wie ist es bei Dir? Als wir im Center waren, hat mir Margarita einmal gestanden, daß sie sich ein Kind von Dir wünscht. Sie wäre bestimmt eine gute Mutter. Wir haben oft zusammen meditiert, außerhalb der festen Zeiten, meine ich. Wir sind den Hügel hinterm Center heraufgegangen bis zu der Lichtung und haben uns ins Gras gesetzt, das Gesicht einander zugewandt. Dann haben wir die Augen geschlossen. Man lernt sich kennen in der Stille, besser als durch Worte. Sie ist es wert, die Mutter Deines Kindes zu werden. Und Du selbst bist so jugendlich im Geist, so unverbraucht und neugierig, daß Du nochmals Vater werden solltest. Ich weiß schon, es ist anmaßend, so etwas zu schreiben. Ich will nur sagen, daß Margarita von einer Güte, Verläßlichkeit und Bescheidenheit ist, die ich ganz selten getroffen habe. Ich fasse es selbst nicht, daß ich sie am Anfang so geringgeschätzt habe.

Von einer Angelegenheit muß ich Dir noch berichten. Vorgestern erreichte mich eine Mail von Daniel Schmidt. Das war der Freund von Maike Anfang. In meinem Text habe ich über ihn geschrieben, auch darüber, wie ich ihn getroffen habe in einem Café.

Ich kopiere Dir seine Nachricht in diese Mail hinein, dann wirst Du gleich sehen, worum es geht.

hallo dariusch,

korinna hat mir deine e-mail-adresse gegeben. hätte dir schon längst schreiben sollen, aber konnte nicht. habe es nicht über mich gebracht. nach der beerdigung habe ich mich um die wohnung von maike gekümmert. für die mutter war das alles zuviel. die ist bei der beerdigung total zusammengeklappt und mußte erst mal behandelt werden. die war völlig fertig. ich habe die sachen von maike geordnet und aussortiert, was weg konnte. die freunde von maike sind vorbeikommen, um sich ein erinnerungsstück mitzunehmen. was wertvoll war, habe ich der mutter gegeben oder für mich selbst aufbewahrt. den rest habe ich zur müllkippe gebracht, vier wagenladungen voll. war alles schon hart genug. aber dann habe ich den computer von maike angeschaltet. wollte sehen, ob ich die festplatte komplett löschen konnte oder ob was wichtiges draufstand, oder was privates. war ein bißchen so, wie wenn ich ihre tagebücher gelesen hätte. na ja, ich bin die ordner durchgegangen. da war ein ordner »träume«, den habe ich natürlich geöffnet. und da war nur eine datei drin, eine einzige, und die hieß »dariusch«. ich dachte, ich falle um. als ich die datei öffnete, brach erst mal alles für mich zusammen. ich hätte es dir längst schicken sollen, aber konnte einfach nicht. hatte gedacht, da wäre vielleicht etwas über mich auf dem computer, und dann finde ich diesen brief. lies ihn, du wirst sehen. vielleicht hatte sie ihn dir auch schon geschickt, aber das glaube ich nicht, denn die datei wurde erstellt am 8. 7. 05. Das war der tag, als maike und ich zusammen essen waren, und hinterher habe ich sie nach hause gebracht, und sie ist gestorben. kurz vorher muß sie diesen brief geschrieben haben. jetzt, da ich das schreibe, kommt alles wieder hoch, deshalb höre ich lieber auf. ich glaube nicht, daß du ihn schon hast, denn er ist offenkundig noch nicht fertig. jedenfalls schicke ich ihn dir. tut mir leid für die verzögerung. ich konnte einfach nicht.

mach's gut, daniel

ps: hab mich durch deine neue website geklickt. beeindruckend. hatte mich gefragt, ob der hinweis auf maike noch dort steht. hätte mich gefreut oder auch nicht.

Ich muß gestehen, daß die Nachricht mich einigermaßen aus der Bahn geworfen hat. Ich habe die Datei heruntergeladen, aber ich konnte mich nicht überwinden, sie zu öffnen. Ich dachte, wenn ich sie öffne, kehrt mein altes Leben wieder zurück. Ich fürchte mich davor. Ich habe Angst, daß ich noch nicht stabil genug bin, um Maike Anfangs Text zu lesen, noch nicht weit genug auf dem Weg. Ich habe Angst, daß dann alles wieder hochkommt, wie es bei dem Freund hochgekommen ist, Angst vor der negativen Energie. Ich dachte, die Sache mit Maike Anfang, von der ich bis heute nicht verstanden habe, was sie eigentlich war, wäre vorbei, aber offenbar hatte ich mich getäuscht. Und offenbar habe ich mich auch vollkommen getäuscht in ihr, in dem, was zwischen uns war. Ich dachte, da wäre nichts gewesen, und war letztendlich froh darüber. Was denkst Du, was ich tun soll mit der Datei? Möchte sie nicht lesen, aber vielleicht muß ich es. Vielleicht ist es ein Teil der Erfahrung.

Es ist wahrscheinlich gar nicht so wichtig, mit wem man zusammenlebt. Ich möchte dahin gelangen, allen fühlenden Wesen nahezustehen. Die Liebe soll sich nicht beschränken auf die eigenen Freunde, die eigene Familie. Jeder Mensch ist liebenswert. Natürlich, ich bin kein Asket, meine Frau soll schon attraktiv sein, fürsorglich und nicht dumm. Im Zug nach Aachen – also als die SMS mich erreichte, daß Du mich sehen möchtest – saß mir eine junge Asiatin gegenüber (steht alles im Text, letztes Kapitel). Manchmal denke ich, sie könnte es gewesen sein, die eine Einzige. Sie wäre genausogut gewesen wie jede andere. Wesentlich ist die eigene innere Entwicklung. Die Ehe gehört ebenso der äußeren Welt an wie der Beruf. Sie muß heil sein, gesund, damit sich die innere Wirklichkeit entfalten kann. Ich werde sie nicht vernachlässigen, im Gegenteil: Jetzt, da ich begonnen habe, das Wesentliche zu erkennen, kann ich mich um so befreiter auch der äußeren Welt widmen.

Hoffentlich sehen wir uns bald wieder. Mir ist klar, wie beschäftigt Du bist. Aber vielleicht schickst Du mir eine kurze Mail, wenn Du absiehst, wann Du das nächste Mal wieder im Center bist. Ich versuche dann, auch dazusein. Am schönsten wäre es natürlich, wenn Du mich tatsächlich einmal in Cadaqués besuchtest, Du und Margarita. Du wirst es mögen, im Sommer und noch mehr im Winter. Danke für alles. Viel, viel Liebe, Dariusch.

PS: Ich weiß, was Du mir raten wirst. Indem ich Dir diese Mail schrieb, ist mir auch dies klargeworden: Ich öffne den Ordner downloads, *in dem die Dateien nach dem Datum der letzten Änderung aufgelistet sind. Die dritte Datei von unten, das ist sie:* Dariusch. *Größe: 41 KB. Typ: Microsoft Word-Dokument. Geändert am: 12. März 2006 22:11. Das muß der Abend gewesen sein, an dem Daniel mir die Mail geschickt hat. Er muß sie vorher nochmals gelesen und neu abgespeichert haben. Vielleicht hat er etwas an dem Text verändert. Ich will nicht wieder anfangen zu spekulieren. Das ist jetzt vorbei. Ich habe gefunden. Ich gehe mit dem Curser auf die Datei, klicke auf die rechte Maustaste, gehe auf Löschen und klicke auf die linke Maustaste.* Möchten Sie »Dariusch« wirklich in den Papierkorb verschieben? Ja/Nein. *Ich klicke auf* Ja. *Um sicherzugehen, klicke ich mit der rechten Taste den Papierkorb an:* Sollen diese 38 Elemente wirklich gelöscht werden? Ja/Nein. *Wieder* Ja. *Aber das reicht noch nicht. Ich gehe ins Internet und klicke mich durch bis zu den gelesenen Nachrichten. Daniels Mail steht nicht mehr dort. Ich kann sie nicht mehr zurückholen.*

Navid Kermani im Ammann Verlag

Das Buch der von Neil Young Getöteten
2002. 176 Seiten
MERIDIANE 39
ISBN 978-3-250-60039-8

Vierzig Leben
2004. 208 Seiten
MERIDIANE 68
ISBN 978-3-250-60068-8

Du sollst
2005. 160 Seiten
MERIDIANE 79
ISBN 978-3-250-60079-4

»Wie immer schafft es Kermani, dem Leser eine neue Sicht auf die Welt zu ermöglichen.«
Bert Strebe, Hannoversche Allgemeine Zeitung